U0070402

性‧金錢‧暴食症
談形式與內涵

Sex and Money & Overeating
Form versus Content

肯尼斯‧霍布尼克博士（Kenneth Wapnick, Ph. D.）◎著

王敬偉 陳夢怡◎合譯
若水◎審訂

《奇蹟課程》國際通用章節代碼

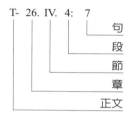

T- 26. IV. 4: 7
- 句
- 段
- 節
- 章
- 正文

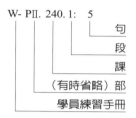

W- PⅡ. 240. 1: 5
- 句
- 段
- 課
- （有時省略）部
- 學員練習手冊

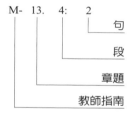

M- 13. 4: 2
- 句
- 段
- 章題
- 教師指南

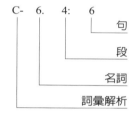

C- 6. 4: 6
- 句
- 段
- 名詞
- 詞彙解析

T → 正文
W → 學員練習手冊
M → 教師指南
C → 詞彙解析
P → 心理治療──目的、過程與行業
S → 頌禱──祈禱、寬恕與療癒

目　次

從暴食症談起

寫在「肯恩實修系列」之前

若水

（一）

《奇蹟課程》的筆錄者海倫與此書的愛恨情結，已是眾所周知的事。因她深曉這套訊息的終極要旨，也明白自己一旦接納了這一思想體系，她的小我，連帶積怨已深的怒氣，就再也沒有存活的餘地了。因此《奇蹟課程》出現一個很怪異的現象，它的筆錄者千方百計想與它劃清界線，直到肯恩（肯尼斯）的出現，才把海倫又拉回《奇蹟課程》的身邊。

肯恩是海倫與比爾的密友，由於互動頻繁，比爾乾脆在辦公室為肯恩添置一張辦公桌，可見他們交往之密。

肯恩一接觸《奇蹟課程》，如獲至寶，他反覆地研讀，凡遇不明處，必一一請教海倫。他深覺這份龐大的資料，有重新編校的必要，因它不僅夾雜著私人的

對話，許多章節標題與內文也不相符，全書的體例和格式，如標點、大小寫、段落等等，乃至於專門術語的用詞，每每前後不一。比爾與海倫也深有此感，只是比爾生性不喜校訂工作的繁瑣，這工程便落在海倫與肯恩身上。主事者自然是海倫，即使是大小寫的選擇，或詞句的還原（海倫筆錄的初期曾故意改掉她不喜歡的詞彙，但她也很清楚自己擅自改動的部分），都有待海倫與「那聲音」確認後才能定案。

（二）

比爾曾說，海倫筆錄時的心態有顯著的「解離症狀」（dissociation），她內心的「正念」部分十分清楚「那聲音」所傳授的訊息，筆錄內容才會如此純正，不夾雜個人的好惡傾向（當然，除了她早期的抵制手法以外），但她的「妄念」部分也堅守防線，且以各種奇怪的方式，不允許自己學習這套《課程》。肯恩在海倫的傳記中提到當時的有趣情景：

> 我們常常窩在她家客廳的沙發上進行校訂，海倫總有辦法陷入昏睡，每當討論到一半時，我

向左邊一瞧，海倫已經倒在沙發的另一角了，她一向警覺的大眼睛閉得緊緊的。在她陷入昏睡前，她還會哈欠連連，下頜骨開開合合，頻繁到讓她說不出話來。又有好幾次校訂時，她開始咳嗽，咳得又兇又急，喉嚨好似有什麼異物，想吐卻吐不出來。碰到這類情形，海倫就會放聲大笑，笑得眼淚都流出來，她很清楚這是小我的抗拒。我們就在哭哭笑笑、咳嗽哈欠的交響樂中繼續修訂的工作。（暫別永福/暫譯 P.361）

海倫的心靈，在某一層次，當然了解那聲音所傳的訊息，但她的小我真的不想知道。她偶爾會這樣向肯恩耍賴：

在校訂過程中，每隔一陣子，海倫就會故意裝傻。當我們唸完一段比較艱深的文句後，海倫就會大笑，聲稱她完全不懂這一段話究竟在講什麼。我只好一句一句地解釋，我突然發覺自己落入一種相當荒謬的處境：我竟然在向一位心裡其實比任何人都清楚這部《課程》的

人解釋此書的深意。**而我講解《奇蹟課程》的生涯，可說是從這一刻開始的。**（暫別永福 P.361）

自這一刻起，肯恩開始了他講授《奇蹟課程》的生涯，四十年如一日，同一形式，同一內涵，同一個小小基金會，從無擴張之圖，更無意行腳天下，他只是默默地履行他對耶穌的許諾。

由於早期的奇蹟學員多數都有自己的專業或信仰，他們往往習慣把《奇蹟課程》融入個人本有的思想體系。唯有肯恩，毫不妥協地堅守《奇蹟課程》最純淨且究竟的理念，修正當時所流行的各種詮釋；於此，他實有不得已的苦衷。因為海倫當年認為，這套思想體系如此究竟又絕對，可說是推翻了一切人間幻相，根本不適合大眾閱讀；在她心目中，此書只是給他們五六個人的。沒想到，此書一到了裘麗（Judy Whitson）手中，就如野火一般，瞬即燃燒出去。海倫曾跟裘麗說：**「這部書將來會被傳誦、解說成令你簡直辨認不出這是《奇蹟課程》的地步。」**為此，那批元老曾想成立「死硬派核心團體」（hard core group），忠實傳達《奇蹟

課程》的核心理念，絕不爲了迎合大眾的需求而將它摻水、軟化，任它淪爲人人都能接受的「方便法門」。然而，海倫本人從心底害怕這套思想體系，比爾當時又有個人的難言之隱，兩人都拒絕扮演奇蹟教師或專家的角色；最後，肩起這一重任的，唯獨肯恩。

（三）

肯恩的教學特色就是「用《奇蹟課程》的話來詮釋《奇蹟課程》」。他最多只會引用自己喜愛的佛洛依德、尼采、貝多芬作爲開講的楔子，一進入理念的層次，就全部引用原書作爲實證。不論學員問哪一層次的問題，他只有一個答覆，就是「**讓我們看看《奇蹟課程》是怎麼說的**」，基於他博聞強記的能力，他會隨口告訴你，「請翻看第幾頁第幾段」。

肯恩從小就有口吃的毛病，然而他絲毫不受語言的障礙，謙和而誠懇地從三十多歲的青年講到如今的白髮蒼蒼，終於折服了各據山頭的奇蹟群雄，成爲眾所公認的奇蹟泰斗。

綜觀肯恩的學說，四十年來反覆闡述的，其實只有

這一套理念：

　　——問題不在外面！金錢不是問題，性慾也不是問題，你的親子關係或親密關係更不是問題，因為你眼中的世界根本就不是真的，只是你編織的夢境而已。

　　——過去的創傷不是問題，未來的憂懼也不是問題，因為時間根本就不存在，那是小我向你心靈撒下的瞞天過海的大網。

　　——你若一味向外尋求答案，或把問題推到過去未來，你便徹底錯失了此生的目的。但請記住，這不是罪，你只是「懂錯了」，你最多只會為它多受一些無謂之苦而已。

　　肯恩的解決之道也說不上是什麼「妙」法，他只是藉由不同事例而重申《奇蹟課程》：「觀看、等待、不評判」的原則。

　　——只要我們不再害怕面對自己內在的兇手（小我），以耶穌的慈愛眼光諒解小我「不得已」的苦衷，便不難看清它的防衛措施下面所隱藏的真相。於是，作繭自縛、自虐自苦的傾向自然鬆解，我們便有了「重新

選擇」的餘地。

——然而，很少人真有勇氣面對自己隱藏在無辜面容背後的兇手，這是人們最難跨越的心障。

肯恩花了整整四十年的光陰，就是教我們如何去「看」而已。這一道理雖然不難明白，但人心豈肯僅僅「觀看、等待、不評判」！這一解決方案可說是把小我逼入了絕路，它是寧受百千萬劫之苦也無法接受這種「出路」的。為此，肯恩繼續苦口婆心地講下去，直到有一天，我們豁然領悟，《奇蹟課程》的奇蹟原來是在「寧靜無作」中生出的。

（四）

正因肯恩學說毫不妥協的精神與一成不變的形式，過去這些年，奇蹟資訊中心也不敢貿然出版他的書。於是，我先嘗試以研習的方式，把他的思想架構圖介紹給學員，再逐步出版一些導讀與傳奇故事，為肯恩的書籍鋪路。在這同時，我也展開培訓奇蹟譯者的計畫，從肯恩的簡短問答下手，讓資深學員熟悉他的邏輯理念與風格，「奇蹟課程中文網站」的內涵也因此而更加充實齊

備。經過多年的準備，奇蹟讀者終於食髓知味，期待讀到肯恩書籍的呼聲也愈來愈高了。

而，我們也準備好了。

肯恩將他所有書籍的中文版權都託付給我與奇蹟資訊中心，我們也兢兢業業地肩起他的託付，我逐步邀請學養兼備的奇蹟學員與我攜手合作，藉由翻譯的機會（形式），學習寬恕（內涵），在相互修正的微妙互動中，化解小我視為命根子的特殊性。我們只有一個「共通的理想」，就是把原本只是演講的記錄，提升為精確又流暢的中文作品。而我敢驕傲地說，我們做到了，譯文的文字水平甚至超過了原書。

我常說，當學生準備好時，老師便出現了。在此感謝所有華文譯者與讀者，是你們多年來在自己心靈上的耕耘，促成了這套「肯恩實修系列」的問世因緣，使奇蹟理念得以以它最純粹、最直接，也最具體的形式呈現在我們的眼前。

（若水誌於星塵軒 2012.5）

性與金錢

前　言

　　《性與金錢——談形式與內涵》一書，原係 2002
年在基金會舉辦的「形式與內涵：談性與金錢」研習錄
音之逐字稿，旨在延續「奇蹟課程實修系列」的一貫精
神，將奇蹟原則落實於生活各層面。我們幾年前曾出版
一本關於暴食症的小書〔編按〕，就是這一實修系列的
雛形。實修系列所涵蓋的人生問題各異，但切入點始終
如一，也就是看清小我如何一貫地將我們的注意力轉移
到**形式**的層面，而使我們無視於**內涵**；這就是全書所要
討論的主題。

　　研習一開始，我們先扼要地綜論奇蹟的形上理念，
藉之導入**形式**與**內涵**的主題。唯有釐清形式與內涵之
別，我們才可能體會出小我和聖靈對性與金錢的不同看

〔編按〕此處所言，即《從暴食症談起》（*Overeating*），因其內容所指
　　　　涉之核心，與《性與金錢》概屬同一性質，故徵得肯恩同意，
　　　　合併為本書，並將原屬《性與金錢》之附錄〈問與答：微波食
　　　　物〉一文置於本書之末。

法。截至目前為止，我們已有不少影音出版品和書籍解說形上理論，尤其《奇蹟課程的訊息上冊：叫召者眾／暫譯》更是多所著墨。秉持同一精神，本書自亦偏重前述的小我伎倆，由此切入性與金錢的問題──這兩個主題是小我最愛投射的對象，同時也最容易勾出人心深處的罪咎。

　　和「奇蹟課程實修系列」其他的專書一樣，本書在潤飾研習逐字稿使其易讀易解的同時，也盡量保留現場的氣氛。此外，我們在第四章也增補了若干資料，網羅了研習隔天另一場演講的內容，全書的資料也因之更為完備。

　　奇蹟課程基金會的發行經理蘿絲瑪琍・羅薩索女士（Rosemarie LoSasso）再次發揮她精湛的編輯技巧，將本書由生硬的逐字稿，化為清晰曉暢的文章，我由衷地感激她珍貴的協助。

/導 論

天心與分裂之心

要探討生活裡的「內涵」與「形式」，特別是觸及性與金錢的議題之前，我們必須先由萬法之始談起。上主與祂的創造（基督），乃是一切之始，也是唯一的內涵；上主與基督（天父與聖子）在天心層次屬於同一聖念，彼此無二無別。但是，聖子起了瘋狂一念，認為他可以離開他的終極源頭；就在這一不可能之事看似發生之際，一個新的內涵出現了，這就是分裂之境。從此，基督的天心儼然有了天心與妄心之隔。

分裂出來的妄心本身又分裂成妄念之心與正念之心，前者是小我的棲身之所，後者成了聖靈的祭壇，各自象徵著兩種眼光，對「瘋狂一念」的看待既大異其趣，兩者亦無法並存。小我認為瘋狂一念再真實不過，

聖靈對此卻視若無睹，因爲與上主的分裂從未眞正發生
過，這就是所謂的「救贖原則」。從此，上主天心的內
涵（愛）被分裂之心的兩種內涵（分裂與救贖）所取
代，幸好，妄心之中還有第三個部分（抉擇者），仍保
有選擇能力。上主之子（在此等同於抉擇者）爲了確保
自己能繼續以獨立的生命存在，故執迷於分裂之境，與
小我的思想體系結盟，認定自己是獨立而自主的自我，
不再屬於那無二無別的一體生命。《課程》常用這樣的
比喻：上主之子陷入沉睡，作起他的分裂之夢，然而，
即使在夢中，他還是隱約記得分裂之前的靈性狀態才是
他的眞實身分，他始終是上主所創造的唯一聖子。

小我的伎倆 ——「失心」狀態

剛剛戰勝聖靈凱旋歸來的小我，倏然出現另一個致
命大敵，就是上主之子本身。選擇小我的那部分心靈，
爲了確保艱苦贏得的獨立自我，當然不讓心靈改變先前
的決定。因爲這麼一個特別而與眾不同的自我，其存在
全繫於聖子一念之力，相信他是自己所造，而非上主的

創造。我們稍後就能清楚地看到「自我創造」這一信念如何在性與金錢的領域發揮得淋漓盡致。只要心靈一撤回這個信念，小我的個別自我就會消失於它所來自的虛無之中。因此，聖子抉擇的力量在小我眼中猶如洪水猛獸，它明白聖子有能力棄守小我，轉向聖靈，故不得不想盡辦法毀去那一把高懸在它頭上的利劍。

事已至此，小我遂發展出一套計謀，確保上主之子永不改變心意。它的目標雖簡單，手段卻無比高明，就是讓上主之子不記得他「有」心靈，而且壓根忘了他原本就「是」心靈，藉之徹底斷絕他的後路，這麼一來，上主之子就不可能回心轉意了。小我處心積慮把心靈描述得恐怖至極，嚇得聖子避之唯恐不及，甚至到了「喪心」病狂的地步。從此，小我就可以高枕無憂，確保自己不僅永存不朽，而且永遠立於不敗之地。

小我的絕招是，傾力將它對上主的恐懼灌輸進聖子的心中。它告訴聖子一個故事，扯出一個漫天大謊，逼得聖子不得不逃離他的心靈，永不回頭。小我故事的核心就是我常提到的「罪咎懼三部曲」，概述如下：

我們對上主犯下了滔天大罪，為了達成分裂的私

心，為了爭取自由自主，我們必須付出代價，非得徹底
毀滅上主不可，誰教「一體」與「分裂」誓不兩立？我
們既然相信自己真能自立山頭，不能不犧牲上主的一體
生命。從此，我們的個別生命永遠和罪咎畫上了等號，
罪咎全面性地滲入我們的存在：只要「我」存在，我必
是個罪人；畢竟，若非當初犯了分裂之罪，我又豈能自
立門戶？

　　為此，我們不可能無罪無咎；因為這樣的存在無異
於不斷述說我們是多麼的罪不可赦，不但毀了天國的一
體性，消滅了造物主，還釘死祂的聖子！我們與生俱來
就罪孽深重，怎可輕饒！於是，我們的個體性與罪咎就
這樣結合得如膠似漆密不可分了。

　　我們的罪最後必會遭受嚴厲的懲罰。因為我們冒犯
的可是上主，這個新樹立的天敵如今從墳中一躍而出，
追討我們自認為從祂那兒盜取的生命。為此，我們才會
那麼恐懼祂的聖愛，相信它會置我們於死地。

　　於是乎，原是我們歡樂家園的心靈，如今成了死亡
的戰場，它遲早會落到暴怒上主的手中，而所有從祂那
兒搶來的生命戰利品，都必須血債血償。這下問題嚴重

了，我們命在旦夕。但請記住，這個問題根本不存在，既沒有「憤怒的上主」，也沒有必受天譴之罪，一切都是小我捏造出來的，唆使我們逃離心靈，落入「失心」的狀態。真正的問題是，我們明明是上主之子，卻對聖靈置若罔聞，反而對小我言聽計從；隨之而來的一切，不過是我們想要維繫那個錯誤決定的必然結果。這個論點是下文討論性與金錢的前提所在，絕對不可輕忽。小我寧死也要隱瞞「我們作錯了決定」這一事實，免得我們真想重新選擇。小我這招實在刁鑽，你只要看看，它設計了一個假問題，巧妙地將我們的個體生命與罪緊緊相連，你就知道它那一套**罪咎懼三部曲**完全是別有居心的。耶穌在《課程》裡告訴我們，了解目的就能了解一切。所以，面對任何事情，我們唯一不能不提的問題就是：**它的目的何在**？(T-17.VI.2:1~2) 同理，要理解性與金錢，我們首先得明白，小我造出世界與身體的目的無他，就是要引開我們的注意力，讓我們忘失自己心中還有一個抉擇者，於是我們再也無法施展抉擇的能力、無法抵制小我的謊言了。

身體：對一個「不存在的問題」的錯誤解決辦法

　　小我千方百計地把我們逼出心靈而陷入瘋狂，沒有比「失心瘋」更貼切的寫照了。它教唆我們抵制聖靈的救贖計畫，使我們無從得知上主聖愛的內涵。結果，它得逞了。我們只剩下小我分裂的內涵可以選擇，那就是罪。小我這一招可眞高明，讓我們的眼光由抉擇者的心靈轉向它一手捏造出來的罪咎問題和它必然的惡果。爲了「解決」這個問題，小我唆使我們逃離它心目中的禍根──心靈，轉向世界與身體尋求庇護。因著對天譴的恐懼，藉由投射的動力，整個物質宇宙隨之應運而生。小我捏造出來的罪與咎（內涵），如今在形形色色的人間災難與肉體痛苦（形式）處處可鑑。然而，這一切都是小我捏造的，是對一個「不存在的問題」的錯誤解決辦法。小我就這樣大獲全勝，陰謀得逞，保存了個體自我，卻陷上主之子於「失心」的瘋狂之境，將上主之子支解爲千萬碎片。

　　小我爲了確保我們就此分裂，永不回頭，索性再拉上重重帷幕，層層遮蔽我們的心，讓我們忘了自己是小

我之子，更別提是上主之子了！我們一旦相信自己是一具身體，愛與咎這兩種內涵便被深埋在形式之下。說得更清楚一點，就是抉擇者選擇咎的那部分自我掩蓋了愛的自性，那個自我又進一步被身體，也就是小我分裂思想體系的具體象徵所隱藏。

就這樣，我們認定自己不過是「失了心」的行屍走肉，其實我們連此一覺知都沒有！因為「失心」至少要「有心可失」，可是我們早就渾然不覺自己有「心」，寧可把自己當成一具身體，只接受頭腦的指令，完全被基因控制，還受環境影響。

確切而言，無論是集體世界或個別的身體，其實都是小我妄心中那套理念的直接展現，但它存心隱藏這個秘密，於是，罪咎懼三部曲看似在心外歷歷現前，其實從未離開過你的心，這就是所謂的「觀念離不開它的源頭」。也就是說，心靈的內涵不可能離開它的源頭（即聖子的選擇），而真的進入形式的世界（即我們的表相及經驗世界）。總之，無論你相信與否，我們的煩惱與痛苦並非源自外在世界（各種我們無法掌控的外力與外因），而全是由於心靈選擇了小我之故，這個要拼個你死我活的心靈戰場，始終在賦予世界一個存在的內涵。

　　這種「**非你即我，無法兩全**」（one or the other）之念非但催生了我們分裂的存在，還千方百計地延續下去。我們的人生怎麼可能不充滿內疚、恐懼與衝突？觀念離不開它的源頭，「性與金錢」方面更是如此。我們可以清楚地看到，不論從生理或心理層面來說，我們的身體根本就是從小我的模子打造出來的！想想，小我扯出那一套漫天大謊，它的企圖何在？它隻手遮天，編出罪咎懼那套故事，用一個不存在的問題去遮掩小我真正的心腹大患，以免心靈終有一天還真想放棄小我。就這麼地，小我捏造了一個問題來掩飾真正的問題，然後再把它的問題投射出去，形成了各式各樣錯綜複雜卻不存在的問題，讓人疲於奔命。這些問題，從單純的空氣、水、食物、住家，到無可如何的寂寞、疾病與死亡，全都與身體脫不了關係！「性」不僅是延續種族所必須，還肩負了滿足生理與情緒需求的功能，而「金錢」則是延續個人生存不可或缺的資糧。從「觀念離不開它的源頭」的角度來看，世間種種問題，骨子裡都是為了遮掩心靈的困境（也就是人心內非得拼個你死我活、誓不兩立的虛幻戰場）。你看，真正的問題和解答明明近在咫尺，就在抉擇者的心靈內，小我的故事卻帶我們繞了十萬八千里！

　　無疑地，身為有生理、心理需求的生物，為了生存，我們不能不滿足這些基本需求。例如新生嬰兒很快就學會怎麼解決飢餓和口渴的危機，他只要哭，就能得到父母的注意，無需多久，他又學會了大哭大鬧或甜甜一笑，來換取關注、安慰或擁抱。就這樣，活在肉體內的我們很快就學會如何解決生活的問題，滿足自己的需求。由此可知，世間一切都是為了解決某個問題而生，而我們的問題全和身體脫不了關係。事實上，小我愈解愈糟的那個問題，根本就不存在，真正的問題一直在心靈內。這就是小我高明之處，它捏造一個問題需要解決，其解決之道又衍生出另一個有待解決的問題，為了解決這個問題，不能不去解決另一個，而一個問題還沒解決，另一個問題又來了。針對人間沒完沒了的問題，〈學員練習手冊〉第七十九及八十課點出箇中關鍵：「願我認出問題，以便對症下藥」，以及「願我認清自己的問題已經解決了」，就說的很清楚，其實並沒有解決任何問題，因為根本沒有問題需要解決。

　　如果你客觀地端詳一下這具身體，不難看穿小我的
陰謀：爲了讓我們永無寧日，它永遠有解決不完的問題
〔原註〕。就算眼前的世界糧荒、金融風暴、健康問題
都解決了，未來呢？我們好不容易才學會滿足自己需求
的辦法，但這並不表示同樣的招數到了明天、下週或來
年仍然行得通。無論身爲個人或社會的一份子，我們都
是這樣死盯著不存在的問題不放，拼命追求行不通的解
決之道，因爲形式的世界（身體）正是爲了抵制內涵的
世界（心靈）而生的；唯有當我們活在這種「失心」狀
態下，小我才覺得它「得救」了。

修　正

　　然而，聖靈的邏輯如是說：

　　錯誤的表相並非錯誤的癥結所在。如果它的外

　　形只爲了掩飾錯誤，說明表相本身並沒有阻礙

〔原註〕這句話借自歷史學家查爾斯貝爾德（Charles Beard）的名言：
　　　　「爲了永久的和平，打永久的戰爭。」諷刺第二次世界大戰
　　　　後，美國搖擺不定的對外政策。

修正的能力。（T-22.III.5:1~2）

　　問題不在於形式本身，而是內涵，也就是我們利用形式的真正目的所在；我們之所以要施放煙幕彈，是為了永遠不去看真正的問題，不去觸及選擇小我而非聖靈的那一部分心靈。隨後我們就會看到，人間的諸多課題中，沒有比性與金錢更能讓我們的眼光流連於形式，而不正視內涵的了。〈正文〉第二十二章「理性與形形色色的錯誤」這一節道盡了小我利用身體的目的，就是讓注意力停留在形式世界，再也看不見心靈的內涵。

　　肉眼只能看到外在形相，它是為了什麼目的而造的，它就無法超越這一限度。肉眼是為了看見錯誤而造的，不是為了看穿表相。這種認知能力確實怪異，它僅看得見幻相，卻穿越不了罪的銅牆鐵壁，只好駐足於虛無表相前喟然生歎。在這種病態的目光下，外在一切都成了擋在你和真相之間的高牆，而且顯得真實無比。縱然那銅牆鐵壁只是虛有其表，但你的視線一旦被它擋住，怎麼可能看得真切？它必會被表相蒙蔽，因為那些表相正是為了確保你看不到真相而造的。

肉眼既不是爲了看見眞相而造的，因此它們絕
對看不見眞相。它們所代表的觀念〔分裂罪咎
是眞的〕離不開造出它們的主人〔抉擇者〕之
居心，也只有它們的主人才會透過它們去看。
主人當初既是爲了不想看見而造出眼睛，這一
雙肉眼自然成了有眼而看不見的最佳工具。你
現在總算可以看清，肉眼是如何仰賴外在形狀
而無法越雷池一步的。你也看清了，它如何被
擋在虛無之物前面，無法穿越表相而看清此物
的意義。沒有比只看外表的知見更盲目的了。
只知著眼於外形的目光，透露了此人的理解能
力必已受損。（T-22.III.5:3~6:8）〔編按〕

　　《奇蹟課程》類似的段落不知凡幾，總括而言，身
體正是爲了「視而不見，聽而不聞，想而不思」的目的
而造的。因此，眞正能看的並非肉眼，眞正在聽的並非
人耳，眞正在思索的並不是大腦，小我要它們看什麼，
它們就看什麼，它們只能按照小我的設定而思考，著眼
於分裂、罪和咎那一套；身體的感官只能看見表相上的

〔編按〕引文裡面的中括弧〔　〕所標示之文字，係肯恩所加之補充說
　　　　明。全書同。

錯誤，無法突破形式的局限，直探心靈的眞相。

　　總之，身體生來就是要承受身心痛苦，經歷性和金錢等世事的糾葛衝突，這就是小我錯誤的解決之道。對此，小我的原則是，只要能引發愈多內疚，形式愈是驚心動魄，我們就愈不可能轉向心靈。如此一來，聖靈就無法爲我們揭穿小我利用世界製造內疚與恐懼的陰謀。我們寧願肉眼的焦點須臾不離自己或別人的身體，以免轉向心靈，只因小我心知肚明，心靈裡有個部分很清楚身體根本就是虛無。若拿「國王的新衣」的故事來打比方，我們的正念之心一眼就看穿了，不僅「罪咎懼」之國的國王其實一絲不掛，連國王本身都壓根兒不存在。只因我們害怕虛無，逃避虛無，反倒把虛無弄假成眞了，結果不得不打造一個世界，逃避那原本不存在的問題，還弄出各式各樣的身體花招，加強防禦工事，全面抵制心靈抉擇的力量。

　　前面說過，這套瞞天過海之計可說是鬼斧神工，無往而不利，有史以來，能以慧眼識破小我這道世界與身體的防線的，猶如鳳毛麟角。我們始終相信自己需要克服的敵人、有待解決的問題都在外頭。其實，唯一需要解決的問題是，我們誤以爲世界和身體是所有痛苦煩惱

的肇因。眾所周知，我們的感官知見會騙人，因爲它只能看到表面的形式，無法超越形式看到心靈。我們知道身體的感官是專爲了外在現象而造的，所以，我們不該信賴它們的回報，畢竟「沒有比只看外表的知見更盲目的事了」。我們務必認清，即使親眼目睹，仍屬於「只看外表的知見」，身體存在的目的就是要隱藏心靈中罪咎的內涵，而罪咎又是造來遮蔽心靈眞正的內涵，也就是它的抉擇能力。

有能力在小我與聖靈之間作選擇的抉擇者，成了我們在人生夢境僅存的自我概念。爲此，聖靈的「理性」（正念之心）賦予身體另一種目的，就是把它當成課堂，供我們學習分辨形式與內涵、幻相與眞相的差別。現在，我們再回到「理性與形形色色的錯誤」這一節：

> 理性又會告訴你，它若非眞相，就一定是幻相，不值得你多看一眼。你若自以爲看見了，表示你已看走了眼，因你之所見不可能是眞的，只不過看起來像是眞的而已。你若無法超越幻相去看，表示你的目光必已受損，才可能把幻相看成了眞相。這種目光還可能認出眞相嗎？（T-22.III.7:4~7）

　　《課程》的內涵是聖靈「理性」的正念思想體系，也就是寬恕，它修正了小我充滿咎與怨的思想體系。無論小我做了什麼，試圖說服我們相信它那虛妄的存在，耶穌都能信手拈來，借「境」轉為化解小我的工具，這正是我們討論性與金錢的切入點。雖然這充滿形體的世界之肇因毫不神聖，存心將上主的記憶摒除於抉擇者的心外，然而，世界其實是中性的，它既能為小我妄念之心效命，讓我們沉迷昏睡，也可以為聖靈正念之心服務，讓我們清醒覺悟。於是，我們的身體搖身一變，成了反映心靈的工具，讓我們看清它究竟選擇了哪一套思想體系，究竟是恨還是愛，是衝突還是合一。

　　我們稱它為理性也好，慧見也罷，都意味著我們已從心靈戰場上方俯視這個世界，而且這是我們看待世間萬物唯一神智清明的方式，表示我們已回歸心靈作抉擇的那個部分。在這一刻，耶穌必與我們同在，因為小我絕不會帶領我們回到這裡。在這一刻，抉擇者成了觀察者，以夢者而非夢境的角度觀看身體的一切作為，明白這些行為只是反映了心靈的內涵。如此，我們才能不再與夢中的角色認同（也就是每天起床在鏡中看到的自己），而開始與夢者認同（也就是服膺於自己選擇的思

想體系而打造出眼前夢境的那位夢者）。

我們就這樣看著小我，不懷內疚恐懼，也不帶任何評判，因為我們有耶穌的愛陪伴在側，透過聖靈的慧眼觀看，明白身體只是一場夢而已。當我們愈來愈了解耶穌的教誨，自會認清此生在這個線性時空世界所體驗到的一切，不過是「罪咎懼」那套思想體系的幽暗殘影而已。我們大可重新選擇，選擇上主而非小我，選擇救贖而非分裂，著眼於內涵而非形式。

兩個小故事

我先說說兩個小故事，以便切入「性與金錢」的討論，兩個故事都與「心理治療」有關，只因故事的旨趣都和我們的主題若合符節，很適合作為開場白。

1973年春末，我加入了海倫・舒曼與比爾・賽佛的行列〔原註〕，那年秋天我讀完《奇蹟課程》第二遍，

〔原註〕我在《暫別永福》（暫譯）一書裡，按年代詳盡描述了我和海倫・舒曼與比爾・賽佛三人的關係，海倫是《課程》的筆錄者，比爾既是她的同事，也是朋友。

我問海倫還有沒有其他的筆錄資料，她提到有些關於心理治療的題材，雖尚未完成，但很希望我看看。我本來就是心理治療師，當然想一睹為快。那篇就是後來〈補編／心理治療──目的、過程與行業〉第二章前六節。我讀過後相當失望，還對海倫抱怨這些資料與《課程》根本沒兩樣。我不記得她當時的回應，但印象中，她覺得我的想法相當不可思議：「不然你希望怎樣？」顯然，當時我期待〈心理治療〉的題材會有所不同，應該更像操作手冊，提供大量的案例，比如個案研究等等。但是，只要熟悉〈補編〉的讀者都知道，這一小書的療癒原則與《奇蹟課程》如出一轍，就是「兩個不同的人在同一目標或理想下交會」而已。

第二個經歷發生在1980年代中期，我在愛達荷州的某個避靜中心辦一場研習，為期一週。有一位學員是精神科醫生，頭幾天他就提出要求，希望我能花點時間談談「《奇蹟課程》與心理治療」，他讀過〈補編〉，希望能再深入一點。我說，如果有時間，我會加入這個主題。後來在課程快結束時，我也確實切入這一主題，我才講完，他就舉手說：「你說的，和這整個禮拜講的沒有什麼差別嘛！」簡直就是我當年對海倫抱怨的翻版。

在此，我得「警告」一下讀者，我對性與金錢的
解說，和我在導論中所說的，甚至與我其他的著作相
比，並無所謂的「新意」可言。上述兩個故事所透露的
訊息，成了我們探討「性與金錢」的重要前提：所有問
題都是同一回事。「性與金錢」所牽連出來的問題不過
是特殊愛恨的變奏曲，其本質和現實生活的其他議題無
何不同。對大多數人而言，兩者都會刺到小我思想體系
的核心。我也曾想把「食物」加入議題——食色性也
——只因食物通常鮮少涉及人際關係而作罷〔原註〕。
為此，我將最近與學員在課堂的對答整理出來，附在書
後。一言以蔽之，即使我分章探討「性」與「金錢」，
但只要涉及這兩件事的源頭，亦即小我隱藏的目的，所
揭示的論點，也不可能有所不同。

〔原註〕幾年前，我和三位奇蹟學員討論過飲食與體重的課題。奇蹟課
　　　程基金會的工作人員整理了這一討論的錄音，並以錄音帶及書
　　　籍的形式出版（影音編號 T-26，標題《從暴食症談起》，書
　　　籍編號 B-12）。〔編按〕原註所言《從暴食症談起》，如本
　　　書 p.17 之編者按語，業經肯恩同意，合併為一書。

2 性

楔 子

我會開這一堂以「性」爲主題的課，要追溯到1980年初我在西雅圖帶領的一場研習，那是我第一次談論性的議題。到西雅圖之前，我和妻子葛洛莉路經舊金山灣區，特地拜訪裘麗和比爾。當時裘麗剛收到一本《性愛靈修手冊／暫譯》，作者聲稱那是耶穌傳來的訊息。葛洛莉建議我看看這本書，因爲作者是西雅圖當地人，她估計參與研習的學員可能會問到此書，於是我把全書瀏覽了一遍。此刻，在指出它的缺點之前，我必須先肯定它「對性無需內疚」的觀點，這點對讀者確實是重要的。然而，此書不尋常之處在於，它竟然如此具體描述與耶穌性愛的細節。書裡有一個場景，作者正與她丈夫行房，突然之間，耶穌取代了丈夫，將性交帶入高潮，她鉅細靡遺地描述了整個過程。縱使這本書的「內涵」

在強調對性無需內疚，但由作者對「形式」的著墨與執迷來看，我認為這本書仍是走偏了。

我平素很少評論坊間的靈修書籍，只因這本《性愛靈修手冊》可以為我們此次的議題提供最佳的切入點，我才會藉之發揮一番。從《奇蹟課程》的觀點來看，這本書的偏頗之處在於過度強調行為（形式），因而錯失了內涵。此刻，我們要正式討論「性」這個極度敏感的主題，一定要先行釐清它的來龍去脈，否則必會落入小我的「分裂」目的與「自衛」的陷阱。那次西雅圖的研習，我確實談了「性」的問題，從那以後，我仍不時談到這個主題，而且還寫進我的書裡〔原註〕。

性在小我思想體系的重要性

我要從一段〈正文〉開始，而不提它的前後文，希望讀者能夠把焦點放在內涵上。耶穌在第三章第一節

〔原註〕例如《寬恕與耶穌：奇蹟課程與基督教的交會》（暫譯）第四章〈愛與性的意義〉，還有「奇蹟課程基金會網站」的問答服務，索引專為「金錢、關係、性」的主題開闢了一個欄目。

「救贖無需犧牲」論及基督教的救贖觀點──上主的計畫是透過犧牲將我們由罪惡中拯救出來；他在第二段評論基督教神學的核心觀念乃是一種「可怕的妄見」──連上主都會為了救恩而親自迫害自己的聖子（T-3.I.2:4），接下來就說到了重點：

> 這種想法實在荒謬。雖然這一錯誤未必會比其他的錯誤更難修正，卻因許多人把〔上主迫使耶穌為我們受苦受難〕這種妄見當作重要的自衛武器而把持不捨，使這個錯誤變得特別難以克服。（T-3.I.2:5~6）

性與金錢的議題之所以特別難解，是因為太常被靈修人士（包括奇蹟學員）拿來借題發揮，曲解他們所修持的法門，其主要關鍵，是因為性最容易被扭曲為一種「自衛機制」，而導致了形式與內涵的混淆。

從生物學的角度來說，性是物種繁衍、創造生命的手段。透過精子與卵子的結合，生命才得以存在，此乃生物學上不爭的事實，也代表了我們與上主最初的分裂。從那一刻起，小我相信自己已經自立門戶，我們成為自己打造出來的成品，不再是上主的創造。由此可

知，身體之所以存在，純粹是爲了表達「我不需仰賴造物主或終極源頭，也能夠創造生命」這一立場，這就是分裂妄念眞正要表達的。對此，耶穌在〈正文〉第二十三章「無明亂世的法則」一節提出反駁：

> 天堂之外沒有生命可言。上主在何處創造了生命，生命就只可能存在那裡。活在天堂之外的生命全是幻相。（T-23.II.19:1~3）

與此恰恰相反的，我們自認爲篡奪了上主的地位，占據了創造的寶座，在小我的國度裡妄想自己成爲造物主，徹底推翻了《聖經》裡創世紀的說法。這套潛意識的信念繼而投射出充滿身體的世界，從此，身體負起「自我創造」的大業。這就是問題所在，也說明了性何以永遠是個重大議題，尤其是在我們的社會裡，它始終夾雜著罪咎、恐懼和焦慮，甚至成了特殊性的工具。我在第一章的導論已經提過，打從我們自立門戶，自以爲創造生命開始，小我就將這最初的妄念與罪畫上了等號，勾起人心的咎，導致人們對天譴的恐懼。追根究柢，光是「活在身體內」這個事實就成了罪咎的象徵。比如說，讓身體得以存活的每一個呼吸，就像在對上主示威：「祢所賦予的靈性對我不夠，在祢之外我還需要

其他東西來維繫我的生命，因爲我想要的，祢是不會給我的。」我們對食物與水的需求，甚至對感情的需求，也是同一性質的聲明。我們不斷以此對上主嗤之以鼻，時時表明我們不需要祂，誰叫祂公然對我們的存在視若無睹。

根據這一形上前提，性除了聲明「我們不需要上主」之外，還進一步證明了「祂能做的，我們沒有一樣做不到」。我們甚至狂妄到自以爲本事比祂還大。例如說，真正的神不會殺害生命，而我們則愈來愈精於此道。這意味著我們不只能夠創造生命，還能毀滅生命。當我們還是同一個聖子的時候，我們造出了一個浩瀚無比的宇宙，至少對我們而言，可謂壯觀之極。我們無時無刻不對自己的成就心懷敬畏。在美麗晴朗的夜晚，我們仰望滿天星辰，驚嘆不已，遼闊的天空啓發我們偉大的靈感。燦爛奪目的晨曦與晚霞，同樣令人流連忘返。然而，在這一切的背後，我們得意地對造物主悄悄說：「看到了吧，我打造的世界，一點都不輸給祢！」回到人生夢境的小宇宙，我們透過性交而創造了生命。若從這個角度去了解性，我們發現它所衍生的諸多問題與性行爲本身其實毫不相干，然而它勾起了這些問題背後的

咎：「我才是神，我殲滅了上主，創造生命現在是我的事了。」性只是以另一種方式提醒我們，我們非但竊取了上主的本領，還篡奪了祂的寶座，實在罪不可逭。

《奇蹟課程》以不少的篇幅來描繪「罪咎懼三部曲」，尤其是〈教師指南〉對「原錯」（注意，非「原罪」）的描述更是震撼人心。耶穌形容我們對上主的恐懼如影隨形，陰魂不散，就算我們將自認對祂幹了什麼好事、而祂又會如何報復的臆測埋進內心深處，但「切莫以為祂會就此罷休」（M-17.7:4）的恐怖念頭卻始終揮之不去。換句話說，別以為上主會對你幹的勾當善罷甘休，也千萬不要心存僥倖，以為祂會停止對你的追緝，放棄致命的復仇。既然性藉著「創造生命」的潛能，明目張膽地炫耀自己的神力，你可以想像，它會勾起潛意識中多深的罪咎與恐懼。

再思考一下，小我編寫的性劇本為何需要加上快感這一要素？從演化的觀點來看，這是理所當然的，因為總要有方法吸引同種的個體交配，物種才能延續下去。然而，對人類而言，性行為早已脫離了原始的目的，現代人純粹為了追求快感而性交，也因之更加深人的罪惡感，因為象徵著上主之死的性行為竟成了快感的來源。

這麼一來，我們不僅篡奪了造物主的地位，還引以為樂！這一罪惡感表現於各式各樣與性相關的問題上，例如避孕、墮胎、性取向、婚前或婚外性行為、性功能失調等等。

只要我們能夠和耶穌一起，由夢境之外、戰場之上，用他的眼光俯視性的問題，我們就會清楚看到，在這個線性時空世界裡，我們所經驗到的一切，不過是那個原始分裂之念的幽暗殘影。為此，性又怎麼可能不淪為特殊關係的負面象徵？無論是特殊之愛，還是特殊之恨的關係，性都成了痛苦、傷害與失落（特殊之恨），或快感、滿足與完整（特殊之愛）諸多感受的源頭。

在繼續深入探討之前，我要再次澄清一下，這絕不表示我們享受性愛時該覺得內疚，也不需要因為性成為生活中相當重要的一環而不安；這跟我們喜歡金錢能帶來種種好處，是同一回事。請記得《課程》的重點：即使世界（包括性與金錢）原是為了不神聖的目的而造的，它本身仍是中性的。它可以繼續透過內疚與特殊性讓我們沉淪於分裂之夢，也可以轉化為我們學習寬恕與從夢中覺醒的工具。後面我們會讀到「特殊的任務」這一節，它說明聖靈如何將小我造來傷害彼此之物用於療

癒之途，這個觀點十分重要。

回想一下「性」的形上意義，便不難明白它何以成為如此重要的象徵，它不僅僅是諸多生理功能的一項，更成了舉足輕重的一個。很多人都想賦予「性」某種靈性的意義，設法聖化它。然而，請記得，任何與身體相關的事物，既非神聖，也非不神聖，它純粹是中性的。容我再說一次，身體層次的行為能夠為「寬恕」這一神聖目的服務，也可以繼續用來強化分裂信念，為不神聖的目的效命。但請留意，身體本身什麼也不是，為此，性行為不會提升靈性，也不會褻瀆神明，它的價值完全取決於它的目的。

因此，從形上基礎了解性的問題至為關鍵，這解釋了性在人間何以成為棘手的議題。我記得大學時代有一位歷史教授，他是非常開朗的英國紳士，在系上常發表語不驚人死不休的論點。他曾說，世界史是在臥房裡寫出來的，如果你想知道歷史事件的來龍去脈，只管去研究國王和諸侯在寢宮裡搞什麼就對了。

〈正文〉第十九章第四節「平安的障礙」提到了罪咎、痛苦以及死亡的魅力，最後都可歸結為身體的魅

力。不管身體承受極大的痛苦還是感官的狂喜，根本沒有差別，其唯一目的，只是要證明身體真的存在。性的確能讓身體顯得真實無比，無論你是為了繁衍後代或享樂，或想兩者兼得，無論性會勾起罪惡感，或讓你耽溺於快感，身體永遠是你注意的焦點，這焦點正是它的魅力所在。當然，幾乎所有的身體活動都會吸引我們的注意力，但性是一種特別管用的防禦措施，它最能將我們的眼光轉向形式，脫離內涵。這並不表示性比其他生理或心理活動的意義更多或更少一些，而只是解釋了為何我們對性如此迷戀，甚至到偏執（fixation）的地步。性幾乎從未被人類視為普通而正常的人性表現，要是真有這一天，娛樂業與服裝業都要倒閉了，缺了性暗示這一環，廣告商連梳子或牙膏都賣不出去。

佛洛依德之所以緊抓著性的理論不放，是因為它與生理學息息相關。對他而言，性不只是一種與生殖器相關的行為，他還談到嬰兒期的性行為，將性定位成人類存活的基本動力。佛洛依德原是神經科醫師出身，他晚年曾預言他所建構的心識理論終有一天會得到電化學的驗證。在此，我不免有將他的立論過度簡化之嫌，但他將心理學與電化學扣在一起確實是重大發現，他的性理

論奠基於整個身體架構。他不遺餘力地為精神分析理論辯護，把他的基本學說紮根於生理基礎上。這位精神分析之父在許多領域雖有極重要的創見，卻也難免知其然而不知其所以然。固然，性行為奠定了身體的真實性，但就如我們再三強調的，小我打造世界與身體的目的正是要分散我們的注意力，確保我們無法回歸心靈，讓人生的焦點不斷轉向外表的形式，而犧牲了內涵與精神。

在特殊關係的架構下，性在小我整套觀念中之所以盤據如此核心的地位，是因為性是一種非常私密的表達方式，不是你和每個人都能做的事，你只能和少數人建立性關係，這必然導致排他性，即使有心人逞一己之能想挑戰這種限制，也改變不了這一局面。莫札特著名的歌劇《唐‧喬凡尼》（*Don Giovanni*，又稱唐璜 *Don Juan*），第一幕有個場景，這位英雄又拋棄了一位愛人——丹娜‧愛薇拉（Donna Elvira），她傷心欲絕，因為她天真地以為喬凡尼愛她。喬凡尼有一位非常詼諧的侍從雷波烈羅（Leporello）去安慰她時，唱出了著名的詠歎調〈情人目錄〉（*Madamina, il catalogo è questo*），他出示了一本「不小的冊子」（*questo non picciol libro*），裡頭記錄了主人的「豐功偉業」，包括

在義大利有六百四十個，德國兩百三十一個，法國一百個，土耳其九十一個，以及在西班牙「已經有一千零三個（*son già mille e tre*）！」。心理學家對於渴望佔有愈多女人愈好的男人，稱之為「唐璜情結」，它反映出人類一心想要征服世界，自立為神的終極幻想。

不論這種情結多麼複雜，性只能發生於分裂的個體之間，這與接納上主之子如一的「愛心之念」全然背道而馳。性本來就是排他的，我們只能和一個人發生性行為，就算我們有一次多人的本領，總不可能與所有人發生性關係，這正是小我分裂與排他信念體系最根本的寫照。性是「非你即我，無法兩全」的。小我一出場就對上主說白了：「我可以犧牲祢，照樣獲得身體的快樂。」世上凡是能加強分裂、排他性以及特殊性（這些字眼都是同義詞，描述同一現象）之物，就是要讓我們陷入小我天衣無縫的計謀，它造出一具具「失了心」的身體，似乎真把我們阻隔分裂開來，「形相世界〔身體〕就是為此目的而造出來的」（W-161.3:1）。

耶穌在〈正文〉裡提過：「心靈原是一體不分的，身體則不然。」（T-18.VI.3:1）心靈本有的「愛心之念」能將眾生合而為一，但是身體表達愛的能力卻極其有

限，因此，性本身就是一種有限的行爲，象徵著小我的
限度，如同身體一般（T-18.VIII.1:1~4）。但是，這並不
構成性的善惡對錯，它只是一個可見的事實，將我們蒙
在鼓裡，隱匿小我把分裂當眞的企圖。這再度解釋了性
的魅力從何而來，它既是個有待解決的困擾，卻又被我
們視如珍寶。終究而言，性仍可以爲不同的目的而服
務，這點我們稍後再談。現在要提醒的是，性之所以惱
人，最主要的原因是我們把它當成自衛的武器，防止我
們回歸心靈。

　　請記得，小我最怕的就是聖子心靈中與生俱來的選
擇能力。小我對抉擇者畏如蛇蠍，但爲了存活下去，它
索性使出移花接木之計，宣稱問題並不在於抉擇者，而
是罪、咎、懼。如此一來，問題就不再是我們當初選擇
了分裂，而是我們眞的分裂了。小我把分裂等同於罪，
把妄心之念的那套想法當眞，而且死抓著不放，讓我們
意識不到抉擇者才是眞正的我，也就是所謂的「自我概
念」。人心中莫須有的罪咎懼一旦確立，便再也看不到
那唯一眞正的問題，就是「抉擇者錯選了小我」。小我
就這麼偷天換日，以駭人聽聞的假議題取代了眞正的問
題，然後宣稱唯一合理的解決之道，就是死不認罪，無

論什麼「問題」都全盤否認，再暗地投射到外頭去，幻想我們從此能一勞永逸，徹底擺脫這個問題，因為問題都到外頭的世界了。從此，身體便得背負起永無止盡的需求與煩惱。

　　小我就是這樣先在聖子心中捏造出罪咎懼這個問題，再打造出一具身體來解決此一問題。但這種解決之道必會衍生諸多生理與心理的問題，令我們窮盡一生努力解決，全然忘卻這個事實──小我造出這些問題，就是故意讓你解決不了的。就這樣，我們的注意力離抉擇者愈來愈遠，它就是心靈裡那個無意識地想要成為分裂、獨立自主的個體，卻又不想為自己所犯的罪受到懲罰的自我。這一部分心靈會不斷地攬問題上身，因為問題愈多，我們愈不可能回到製造問題的心靈源頭，那裡才是化解問題的所在。這些問題當然包括性的問題，為此，無論是個人還是社會，都在為性方面的問題、爭議以及煩惱而糾結不已。要處理這些煩惱，我們得分辨出形式與內涵之別，首要之務，即是釐清自己的目的。如此，我們方能發現問題真正的本質，也就是看清這些問題原來都是妄造出來的。慢慢地，我們明白了，自己多想為身體的問題掛慮操心，只要能轉移我們的注意力，

什麼都好。為此，身體可說是讓我們滯留於「失心」狀
態最高明的一招了，這就是小我的瘋狂之道。

　　由此可見，在小我層層的防衛系統中，性居於多麼
關鍵的地位。每個人都有一具身體，而性是其中不可
或缺的一部分，這自然牽引出種種與性有關的難題與
爭議。例如說，社會制定怎麼樣的性行為是正常的，怎
麼樣又是越軌的。從社會學或人類學的角度，我們不難
發現習俗及價值觀一直在變，但那與我們天生的生理現
象毫不相干，因為根本沒有「天生的生理現象」這一回
事。我們對性、食物或其他東西的偏好，並非根源於身
體。就算我們不斷找出與上癮、飲食失調、過敏及性衝
動有關的基因，也絲毫動搖不了「遺傳基因並非人類所
有問題與需求的肇因」這一事實。

> 連食慾也是一種「取得」的生理結構，顯示小
> 我有待你不斷滿全它之所需。不只生理食慾需
> 要滿全，即使是所謂的「小我的高等需求」
> 莫不如此。**生理食慾的起源並非生理性的。**
> （T-4.II.7:5~7）

　　小我是心靈想要保持分裂的那一部分，而身體就是

小我使出瞞天過海的伎倆，用意即是引開我們的注意力，令我們無暇顧及真正威脅到我們存在的「心靈的抉擇能力」。

在人類有待解決的問題清單上，性絕對名列前茅。我們應該知道，性問題之所以棘手，與身體毫無關係，更與那些性學報告風馬牛不相及，而是你我心裡所懷的某個目的在暗中作祟所致。這就是為何第一條，也是最重要的一條奇蹟原則說「奇蹟沒有難易之分」（T-1.I.1:1）。所有的問題都是同一回事，無論它是以何種形式呈現。〈正文〉有一句很重要的話：「沒有比只看外表的知見更盲目的了。」（T-22.III.6:7）形式代表身體，也代表了性，而身體不只包括生理上的我，也包括了心理上的我。

處理性問題時，最具療效的方法便是將「性」與行為表現脫鉤。問題不在於性行為，而是對性的想法，我們得超越戰場之上，由更宏觀的角度認清性問題與其他的問題全是同一回事。〈心理治療〉提到生理疾病時說過，某一種症狀的形式足以透露出心靈中某一種不寬恕的心態，但耶穌緊接著指出，認清某種不寬恕心態未必有用，只有寬恕才能帶來真正的療癒：

　　……你只需仔細分析一種疾病，就不難指認出
　　它背後的不寬恕之心。然而，看出這一點，還
　　不足以「治癒」它。你還需認清，只有寬恕能
　　夠療癒不寬恕……。（P-2.Ⅵ.5:3~5）

　　換句話說，我們無需知道某種症狀與它背後的小我
念頭之間有何具體關聯，因為我們所要做的終究不過是
寬恕，也就是絕不賦予外境任何力量來控制我們。有了
這樣的體認，無論問題的形式為何，一樣都會煙消雲
散。因此，只要分析一下任何一種性的症狀，我們會發
現它不過是某種念頭的作祟，說到究竟都脫離不了小我
對分裂與特殊性的信念。以性冷感為例，無論是害怕插
入還是性無能，都能回溯到過去的虐待或攻擊、閹割幻
想，究其根本，仍然是害怕對分裂之罪的懲罰。因此，
我們不難理解，性無能常是源自「為了保護自我而不敢
付出愛」的心態。我們同樣可以看出，嫉妒也是某種信
念的投射，在我們心目中，愛若不是偷來的，就是騙來
的，因此，我們遲早會受到懲罰，遭受同樣的報應。如
同〈正文〉所說：

　　這正是投射者必會嚴加戒備自身安全的理由。
　　他們深恐自己投射出去之物會轉身反擊。他們

　　若相信自己有辦法把投射之物由心中抹除，

　　便不能不相信那個東西也可能設法溜回來。

　　（T-7.VIII.3:9~11）

　　這一段的提示幫助我們對性的議題、生理症狀，或是任何問題，有更深一層的了解，它將這些問題放在整個微不足道的人生藍圖來思考（無論貧富貴賤，每個人的一生都同樣微不足道）。我們明白自己所擁有的肉體生命，連同所有的生命，包括前世今生來世，不過是上主瘋狂的聖子所共享的一個生命片段而已。唯一的差別只在於我們各有不同的「瘋法」，但瘋狂的根源是一樣的：心靈選擇了相信小我而非聖靈。容我再說一次，奇蹟沒有難易之分，因為「奇蹟」在《課程》裡指的是一種過程。也就是說，無論作了哪一種夢，奇蹟都能將心靈認同的對象由夢中角色逐漸轉回夢者本身，「奇蹟幫你看清是你在作這個夢，而且夢中情景都不是真的」（T-28.II.7:1）。無論什麼問題，解決方案都是一樣的：把問題從形形色色的形式層面，帶回同一個小我的內涵；即使形式可以有成千上萬種變化，全脫不了同一個咎（內涵）。只要我們不再把這咎視為罪惡，寬恕自己不過是想錯了，內涵便會得到了轉化。正如〈心理

治療〉一文所說的，當治療師放下批判與信念，不再認為自己與其病患有別時，療癒的轉變就自然而然發生了（P-3.II.6:1；7:1~2）。

　　總之，我們認清了，無論問題披上怎樣的形式，其療癒之道毫無二致。儘管性的議題與其他人生百態表相上截然不同，然而，我們所投入的焦慮、煩惱及特殊性的作祟，其實同出一源。只要了解目的，就能了解內涵。就性而言，小我的目的不外乎維繫我們對身體的認同，繼續無視心靈的存在。只要我們還認為自己是一具「失心」的身體，即使想要改變心念，也仍然束手無策。人間所有的問題都會回到這個最基本的觀念，為此，我才不厭其煩，一再重複。

　　佛洛依德最重要的貢獻之一，就是他看出夢境即是願望的實現。耶穌採用了同樣的觀念，套用到所有夢境，包括醒時的夢與睡眠中的夢。夢境只是實現抉擇者的願望，既能保有獨立的個體身分，卻又無需為此負責。為此，身體確實有其必要，我們需要一個具體的存在，以便導出這樣的結論：我心情不好，是因為我的性生活不圓滿，或因為我沒有性生活；我不幸福，是因為童年遭受性虐待。事實上，那些根本不是我們不幸福的

肇因，眞正的原因，其實在於我們抵制聖靈那一套思想體系。順帶一提，這並不表示我們不該尋求專業治療師的協助，也不是要我們故意忽視受虐的後遺症。重點是，只要我們還認爲自己是一具身體，就必須從眼前的處境下手，這才是基本的對治之道。但究竟來說，我們仍須認清眞正的療癒只可能發生在心靈中，因爲心外本來空無一物。我們稍後會再回頭談談「改變行爲模式」的問題。

人間所有的遭遇都只是爲了實現小我這個秘密願望——守住從上主那兒偷來的獨立生命，卻歸咎到其他人身上。也就是把錯全往身體推：我責怪你的身體對我做了某件事；我責怪我的身體害我有志難伸；我責怪父母的身體對我造成的種種後遺症；我責怪自己的遺傳基因；我責怪前世身體所造的業，令我今生受罪遭殃。這種種的控訴不論指向誰，其實都毫無差別，因爲心底的願望（內涵）始終如一。

無論形式上顯現爲極端的強暴、亂倫，或只是隱微的心理暴力，性總與暴力脫離不了關係，這多少反映出性的根源。在小我的迷思中，最原始的分裂一念是非常暴力的，只因它凌辱了天國。這當然不是實相，也與上

主毫不相干，因為上主對此一無所知。然而，一旦小我開始編造它夢魘般的謊言，時時拿我們對上主幹過什麼勾當、祂又將如何報復這類故事來嚇唬我們，我們不能不相信自己真的犯了滔天大罪，既卑鄙無恥又不可饒恕：我們凌辱了生命之源，神智失常的心靈認定那原是我們的東西，理當義憤填膺地搶回（T-23.II.11:2），一旦奪回了上主的神聖生命以及創造的大能，我們就有本領來反制祂了。這就是為何無論古今無論男女，人人內心深處都埋藏著一個駭人聽聞的罪咎之念：我就是那個最初的強暴犯。當然，只有少數人將這個意念以強暴肉體的形式表現於行為，但你我內心深處都同樣為了這個罪而不安，彷彿每個人內心深處都有個納粹、恐怖份子、萬惡之徒，名稱縱然不同，其實都是小我為我們所定的分裂之罪。然而，別忘了，無論是哪一種罪名，都根本未曾發生過。

總之，我們生來就帶著深不可測的罪咎感。耶穌講得更露骨：「你眼前的一切乃是被罪咎逼瘋的心靈妄想出來的世界。」（T-13.in.2:2）因此，只要牽扯到身體之事，不可能不捲入根深柢固的罪咎感的。容我再強調一次，無論在生理或心理層面，無論是個人還是整個社

會，基於性在人類生活的特殊地位，它確實夠格成為一切內疚與問題的淵藪，充斥著暴力與快感，也飽含了分裂、排他性與特殊性。

以性為課堂

只要明白了性的問題和其他問題全都一樣，根本不是表面看來那一回事，解決這個棘手的問題便有望了，不至於老是在「無從解決」的問題上瞎忙。這就是第一條奇蹟原則為我們帶來的曙光，換句話說，就是「療癒沒有難易之分」。問題只有一個，就是分裂之念；解決之道同樣也只有一個，唯救贖之念足以化解。為此，我們應該善加利用這一內心的終極答覆，在此前提下，性問題便成了修行的增上緣，這是我們這一章的要旨。

我們認為自己的生命是有了身體才開始的。對小我而言，罪咎之念所形成的這具身體才是人類存在的基礎，借用佛洛依德「強迫性重複」的說法，我們從此像是中了蠱，身不由己地不斷重演最初讓我們流落人間的那個錯誤：千方百計地與上主分裂，毀棄祂的聖愛，吞

併為自己的私愛，且為了維繫這個自我中心的存在，我們不惜強橫地否決天堂的境界。

我們渾然不知這類暴力之念隨時在生活裡上演，而這樣的戲碼又回過頭來強化心裡的內疚，直到我們真的撐不住了，才會高舉雙手，絕望地喊出這一句話：「一定另有出路才對！」

活在身體裡實在太痛苦了，不只有性的問題，身體的每個行為舉措都會引發衝突與對立。這具身體隨著年歲漸長（不論我們甘心與否），所需要的照顧愈來愈多，它打從先天就條件不良，後天更是每況愈下。我們逐漸體認到，不論你在世上怎麼照顧它，全都無濟於事，因為你根本就沒碰到真正的問題所在。我在前面引述的〈練習手冊〉第七十九與八十課都提到，問題只會接踵而至，一波未平，一波又起，任何努力都是徒勞，我們始終原地打轉，直到哪一天終於覺悟自己需要另覓明師，生活才會有轉機，化為人生的課堂。

起初，人生在我們的眼中好似監獄，我們千方百計去囚禁別人，來換取自己的自由，這些「他人」就這麼成了有待天譴的罪人。如今，我們一旦轉向自己內在那

個無我的智慧求助，仇敵竟能搖身一變為人間救主。這一內在智慧，《奇蹟課程》稱之為聖靈或耶穌——其實，只要能傳達出這一不評判的愛，你用什麼名稱或象徵都無妨的。

《奇蹟課程》的教法可謂獨門絕活，因為它教的是看待世間萬物的不同眼光，特別針對人際關係，它讓我們看出如何將眼前的愛恨情仇發揮大用。換言之，這一法門不是教我們如何在世間應對進退，而是如何改變自己看待這一切的眼光。

愈是激烈的衝突，愈能引發深層的恐懼與焦慮的事件（全跟特殊性脫離不了關係），它的教學效果也愈大，只因心靈深處最幽微的內疚，我們都是透過眼前的身體而體驗到的。耶穌幫我們看清，我們在夢境所接觸到的種種形體，不過是我們心靈投射出來的假相。這些生命內涵本身就是一種用來防衛的措施，目的是遮掩真正的問題——抉擇者誤用了它的抉擇能力。

每次我們向耶穌求助，他的答覆始終如一：你在外界所經驗到的一切，只是你將內在想法投射於外並弄假成真，如此而已——世界是「你心境的見證，也是描述

你內心狀態的外在表相」（T-21.in.1:5），簡言之，亦即「投射形成知見」。我們先往內看到小我的分裂與咎那套觀念，以爲那是眞的，癡想著只要把它投射出去，丟給別人，自己就得以脫身，無需再面對它了。事實上，一切外在的問題與煩惱全是因爲小我搞錯了，然後千方百計想要消除一個「不成問題的問題」。

我們只要決心學習耶穌所教的這套思想體系，就等於擁有一個基本架構，知道如何處理每一個日常的經驗。我們必須誠實面對這些經驗，而不是將一些抽象的大道理硬套在自己身上，認爲《課程》說這世界和身體是幻相，我們就該照單全收。其實不然，我們如果相信自己是這一具身體，就該從身體的經驗著手，否則就連耶穌也愛莫能助。要知道，日常瑣事，無論大小，都是操練《課程》的起點。可以這麼說，所謂「課堂」，指的就是生活，而特殊關係（包括與自己及與別人的形體）正是這位新導師爲我們編排的課程，性不過是課程的一部分，無論有沒有性生活皆然。這並不是因爲性比別的事情更好或更不好，而是因爲在這有形世界的課堂裡，性是重要的一環。藉此，耶穌方能幫助我們認清，凡是與身體有關的經驗，都是我們內心想要弄假成眞的

陰暗念頭而已。

《課程》思想體系的理論基礎是如此重要，再怎麼強調都不為過，因為這一形上理論給了一個新的架構來解讀人生，重新賦予人生真正的目的。性與所有的肉體經驗都一樣，小我對它們都別有用心，直到現在，我們的身體仍然在為另一個目的效命，就是把分裂弄假成真。鑑之世間形形色色的受害心態以及愁苦歡愉的人生情節，我們可以清楚看到，背後都是同一個目的。

準此而言，性當然不例外，它原本的目的之一便是證明心靈之外有某物能帶給我們歡愉和幸福。我們也常聽到這類荒誕的迷思，認為性會讓我們變得圓滿而完整，比如說，人們會這麼描述異性戀的性行為「男性與女性在交合之後便融為一體」。就連柏拉圖也有類似的迷思，他說起初人類是雌雄同體的，之後才分為兩性。這類觀念讓小我名正言順地透過身體尋求合一。然在另一方面，性又是罪咎、羞恥與恐懼的淵藪，為此，宗教遂義正詞嚴地認定禁慾乃是提高修行境界的關鍵。其實，這兩種立場都是誤導，因為真正的神聖或不神聖都只存在心中，也就是我們究竟要聆聽聖靈還是小我的那個抉擇。

　　這又重申了我前面提過的一個重要概念：「心靈原是一體不分的，身體則不然。」（T-18.VI.3:1）是的，我們賴之與人結合的，並非性交，而是共同的目的（shared purpose）。這未必需要透過性的結合，你能在任何場合、任何時候與人結合。正如同耶穌在〈教師指南〉前幾則提到的，可能你搭電梯時被一個小孩撞到了，但你並未評判這個孩子（M-3.2）。就在那個神聖一刻，你沒有將那個孩子當成身外的另一個人，這就是真正的結合。

　　也因此，性關係成了心靈層次學習結合的最佳課堂。舉例來說，即使你原本將性作為分裂和排他的工具，利用他人來得到快感，不顧對方的感受，只滿足自己的需求，如今，性成了最有力的教學場合，不是由於性行為本身有多特別，而是因為你知道自己一直誤用了性，正如同暴食原本是用以自虐一樣，它也同樣可以轉為學習溫柔對待自己的有力象徵。為此，不難看出，我們真正要學的，和性行為或飲食習慣無關，重點是，全看你的心靈賦予它什麼目的。同理，居家方式也可以當作強化分別、排斥別人、受害犧牲的工具，但它也可以成為最佳的教學工具，教你以不同的眼光來看自己的居

家環境。此外，如果有時候你不能免俗地，把車子作為自我膨脹的手段，吹噓自己多吃得開、多有錢、多棒，或者相反地，顯示自己有多窮、多悲慘、多沒價值，那麼，車子也夠格成為你學習寬恕的重要工具。

請記得，小我總是先聲奪人，而且一向錯誤百出（T-5.VI.3:5,4:2）。當它發聲時，它是以念頭發聲的，因為一切都是一種念頭，而念頭會投射出形式，這就是「你所有的想法都會在某個層次產生某種有形後果的」的意思（T-2.VI.9:14）。凡是出自妄心的，都會投射出去；凡是出自天心的上主之愛，永遠都在推恩。推恩不受時空所限，不是活在分裂狀態的我們所能理解的。咎也是如此，差別在於咎只會投射不可能推恩。這一點很重要，愛會推恩，罪咎投射，這就是心靈運作的基本法則。

事實上，小我只有一個念頭，就是分裂。當分裂之念投射出去時，這一念化為百千萬個念頭，表面上看來，我們投射出成千上萬不同的形式，其實背後最根本的那一念全都相同，而那一念從未離開它的源頭，也就是上主之子共有的心靈。

　　俗話說，條條大路通羅馬，所有外在之路也殊途同歸，全都通往咎，那正是小我的能量中心。這些道路對每個人代表的意義各不相同，例如，性對這個人可能象徵罪咎與懲罰，但對另一個人而言，卻是神聖而充滿了愛。所以，切莫評判別人的行為，因為那是他們的教室與課程。誠所謂「內涵相同，形式各異」。只是別忘了，凡是我們拿來維繫分裂與特殊性的一切，都能為聖靈所用，祂藉此教導我們全新的內涵，亦即以寬恕取代罪咎。

　　小我灌輸給我們一個觀念，根本的問題在於我們先天就是不圓滿、缺這少那的（匱乏原則），這原本就是特殊關係和小我思想體系的核心。小我早就告訴我們，我們與上主分裂之際，一定種下了極大的禍根，否則我們心裡那麼深的咎從何而來？不僅如此，小我接著對我們耳提面命，說大錯早已鑄成，永遠無可挽回，罪孽深重全是咎由自取，我們無非是「邪魔、黑暗與罪惡的淵藪」（W-93.1:1）。但是，這看來糟透的局面並非全無出路，小我自有方法幫我們克服匱乏與缺憾帶來的抑鬱和苦悶──只要往外頭找東西填補，我們就能恢復圓滿。

　　這也是耶穌在〈正文〉「選擇圓滿之境」（T-16.V）

所要強調的（這是談特殊關係相當重要的一節）。小我與聖靈各自提供了圓滿之道，小我教我們透過特殊關係來圓滿自己，聖靈則帶給我們救贖之道。祂也同意小我所說的，我們內在好似缺了什麼，但祂清楚得很，那一物並非真的不見，而是被小我的「失心」詭計給巧妙地隱藏起來了。

因此，我們的圓滿並非來自與外在某物的結合，而是與聖靈結合，祂是天國圓滿境界的倒影。這種內在的圓滿，也就是使天國得以圓滿之愛，自然會透過我們的心靈延伸到世界的每一角落，這世界不曾須臾離開自己的源頭生命。

前面強調過，性在小我的計謀中舉足輕重。幾乎全世界都認為，沒有兩性關係，就不能算是個完整的男人或女人。如此一來，任誰都不得不使出渾身解數尋找性伴侶。若能如願以償，就會讓人覺得圓滿，但到了第二天，又得重新圓滿一次，就像前面提過的「唐璜情結」，一個伴侶焉能滿足，恨不得多多益善。然而，透過性得到的圓滿是絕對不夠的，因為那是外頭來的。飢餓也是同樣的道理，那種匱乏感只是發生在我們的腸胃裡而已。我們飽餐一頓，心滿意足，可是幾小時甚至幾

分鐘之後，匱乏感又來了，又想再吃了。睡眠也一樣，
我們累了，一夜好眠後，神清氣爽，但不過幾個小時，
倦意再度襲來，我們又得重複前晚的作為，再好好睡上
一覺。活在肉體裡的生命就是這副德性，為此，人間永
無饜足之日。即使此一刻堪稱愉快，但下一刻又覺百般
空乏。人際關係也不外乎如此，今天，你或許對我溫柔
體貼、大獻殷勤，但以後誰曉得？因此，我必須織好特
殊性的網，把你引誘進來，你才會乖乖就範，滿足我的
需要，填補我的生命，讓我覺得圓滿無缺。

　　回到我們的核心觀念，千萬不要把性與靈修混為一
談。性只是一種身體的活動，涉及生理與心理，和其
他行為沒有兩樣。性之所以能成為靈修的一部分，不
在於肉體的結合，而是它能為我們所用，化解分裂所導
致的內疚感，扭轉小我所鼓吹的「各取所需」之私心。
的確，修正小我的錯誤，乃是一切事件在世上的唯一意
義；而在性的課堂裡，療癒的關鍵則在於明白性本身什
麼都不是，因為連世界本身都是虛無的。要言之，唯獨
心靈賦予的目的，方能帶給萬事萬物所有的意義；也唯
獨心靈本身，方能真正獲得療癒。

結論：性──形式與內涵

　　有些奇蹟學員認為，既然《課程》將特殊性說得一無是處，這表示愛必須一視同仁，不能排除任何人，所以應該和每個人發生性關係。看吧，小我確實很擅長把二加二變成五！這麼一來，他們當然以為將每個人納為性伴侶，同享歡愉，才是依教奉行的好學員，還以「無分別心」來誇耀自己的靈修境界。這一錯誤顯然又把形式與內涵混為一談了。特殊性是針對內涵層次說的，與形式層次無關。你不可能與每個人做愛，就像你無法邀請全世界的人都到你家過聖誕節一樣。耶穌真正要說的是，不要將他人排除在心念之外。他要我們以愛心之念涵括每一個人，沒有例外可言，意即心中對任何人都不帶譴責、評論或批判。容我再說一次，耶穌從不討論行為或形體的世界，他所談論的只有心靈，這點至關緊要。

　　有趣的是，這些奇蹟學員的行徑，與基督教早期諾斯替信徒（Gnostics）所犯的錯誤簡直如出一轍（當然，較有深度的修行者不在此列），他們的主要信念

之一即是，世界並非上主創造的。那時雖然還沒有「小我」的概念，但他們非常清楚世界一點都不神聖，並由此反證《聖經》裡的上帝並非眞神。有些諾斯替信徒對身體與世界痛恨到這種地步，光是認爲上主與身體或世界有絲毫關聯，就夠罪大惡極了。根據他們的說法，這個世界是由黑暗統治者 archons 所管轄，屬於另一種世界的勢力，而非來自眞神。其結果，有些教派主張，爲了證明人可以不受這個世界（也就是小我）法則所制，就必須反其道而行。你猜他們第一個要做的是什麼？和近二千年後某些奇蹟學員一樣，他們和每個人發生性關係，藉此表示不落入世間俗套，證明自己超越了所有的障礙，完全活在靈性的層次。

因此，對這類錯誤務必提高警覺，切莫將形式（身體）與內涵（心靈）混爲一談。小我始終對外在形式興致高昂，卻將內涵拋諸腦後；耶穌則只關注內涵，對他而言，我們一旦落入夢境，所有的形式就成了中性的。別忘了，〈練習手冊〉第二百九十四課說「我的身體是全然中性的」，因爲它能爲小我所使役，也能爲聖靈效命。

每當你興致勃勃覺得世上有某物可以提昇你屬靈的

經驗，或滿心憂懼擔怕某物會害你下地獄，你就知道，你落入了小我第一條無明亂世的法則──「幻相有層次之分」（T-23.II.2）。如此，你等於聲稱這世界是有力量的。以性為例，不論你認為它邪惡有罪，能把你打入地獄，或是認為它象徵了你與上主的結合，所以能幫你經驗天堂的境界。其實，性什麼都不是，世上的一切只是虛無，因為世界根本不存在，只是一個投射出來的幻境而已。我再重申一遍，是心靈賦予的目的帶給萬事萬物所有的意義，而這些意義與世界本身無關。這就是耶穌在〈練習手冊〉前面幾課所談的，也是靈修之關鍵：世上的一切不具任何意義，因為一切意義都是我賦予的；小我則千方百計在心靈之外造出一個狀似意義重大的世界，證明分裂是多麼的真實。

《哈姆雷特》有句名言：「世間本無善惡，端看個人想法。」（第二幕第二景）無論是身體還是任何行為，世上沒有一物天生就是對或錯，全是我們把它想成那個樣子的。只要你認為某件事特別有害、邪惡、錯誤的，或者特別有益、神聖、正確的，你就把它弄假成真了，而這正是小我讓我們陷入「失心」狀態的詭計。不論你在生活或神學理論上賦予世界任何真實性，或是賦

予世上任何一物力量，你就掉入小我的圈套，將這世界弄假成眞了，而這就是行爲背後的目的。並不是性本身有多美妙或多汙穢，小我根本不在意身體爲你帶來的是歡愉還是痛苦；它只要你把性當成一回事，小題大作一番就夠了。

在座各位可能聽過克里希那穆提這句談性的名言：「要做就做，不做就不做，別左思右想了。」換句話說，別再把它當成一件了不得的大事。性與別的事情沒有兩樣。我們有誰會停下來問該不該呼吸？這當兒就在呼吸了；性也不過如此。每個人都有性慾，這是生理現象。從這個觀點來看，性與身體其他的活動一樣：要做就做，不做就不做，別左思右想了。《課程》不曾說過你應有更多彩多姿的性生活，也沒說你不該有，它壓根兒隻字未提。我向你保證，耶穌根本不在乎你拿身體做什麼，但他非常在乎你怎麼用你的心靈，究竟是選擇他還是選擇小我爲師。如果他在乎身體，他會像我們一樣自身難保。不過，福音裡描述的耶穌倒是很在乎身體，這給世上帶來許多的後遺症。基督教常將形式與內涵混爲一談，看不清一切其實都在心靈內，而且全都只能歸納爲兩種心態：一是分裂與排斥，另一是合一與包容。身體層次是無法眞正結合的，只有心靈能夠。事實上，

心靈原本就是合一的，所以，連「結合」都是多餘。

耶穌對我們這些奇蹟學員的要求不過是，放下所有反映分裂心態的障礙，這些障礙只會讓心靈陷於罪與咎的泥沼。一旦落入這種心態，心靈便會身不由己地將此內涵投射出去，把你我的身體化成分裂與排斥的象徵。

* * * * * * * * *

問：我明白改變形式並不能解決問題，但是有些狀況下，我們必須先停止某種行為，才能進入更深的內涵，不是嗎？舉例來說，有些人喝酒喝到快沒命了，他不是應該先戒酒，才可能找到真正的問題而對症下藥嗎？

肯恩：當然。在筆錄《課程》的早期，耶穌也告訴海倫他並不反對行為上的戒律。只是，如果行為的改變確實發自內心，勢必也會反映出心念的改變。如果上癮意味著我們選擇了小我，也就是選擇了特殊性，那麼，酗酒或任何自我毀滅的行為，都象徵著我們選擇了咎。我們一旦選定耶穌作為我們的導師，請求他幫助我們學習自己的功課（倘若這一功課是酗酒），他只可能在

內涵的層次提供真正的協助（就是幫我們認清酗酒背後所象徵之物）。因此，無論是酒還是別的癮頭，真正戒的，並不只是放下那個癮頭而已，它代表著這人決心放下小我。酒只是一種形式，象徵我們和小我之間的愛恨糾葛，我們的焦點雖然放在酗酒問題，但改不改變外在行為，並非重點，需要改變的是想要喝酒的內涵或目的。容我再說一次，放下某個行為，代表放下小我心態，因為當初上癮所象徵的正是我們選擇了小我。重點就在於，只要我們還認同自己是身體，就不能不透過這個象徵，才能得到真正的幫助。請記得，耶穌需要透過課程與課堂才能教導我們。我們也知道，聖靈不會拿走我們的特殊關係，祂只會改變這些關係的目的，進而轉化它們。

當目的改變了，行為自會跟著改變，效果便水到渠成；而且，如果這一轉變發自正念之心，你不會感到有所失落的。大多數人戒癮之所以成效不彰，是因為只在形式的層次努力戒除行為，並沒有在心靈層次選擇新的導師。於是，若非一陣子之後舊癮復發，就是染上新的癮頭。比如說，有些人即使戒掉了酒或者性，卻轉而對可樂或宗教上癮；或許新的癮頭殺傷力較小，但內心的

咎依然故我。因此，一方面來說，若能戒除酒精或是性虐待的癖好，改以飲料取代甚或開始禁慾，固然是一大進步，不過最終要放下的，還是對小我的依賴。我們既然以形體為家，聖靈療癒我們心靈的大業，不能不透過世上這類有形的象徵來教導我們。

問：〈正文〉一開始不是談到，有形的助緣有時也頗有助益嗎？否則在原有的恐懼再加上一層恐懼，狀況只會更糟。

肯恩：沒錯，耶穌在那一段就說了，服用藥物不是罪（T-2.IV.4~5），當然，戒除酒癮或其他癮頭也不是罪。然而，我必須再強調一次，除非你從罪咎轉至寬恕，否則，在內涵層次，那癮頭是不會終止的。就行為層次而言，戒癮是很好的第一步，但耶穌在〈頌禱〉說過，你要的是整首頌歌，而不只是其中一個片段而已；你要到達的是階梯的頂端，而不只是從底下往上爬個一兩階就夠了（S-1.I）。

問：不是說，唯有當我們準備好的時候，這個結果才會到來嗎？

肯恩：當然。但是，我們認為自己在哪裡，就得從

那裡開始。爲此之故，對所有上癮症患者，不論是哪一種癮，我通常都會建議他們加入某種戒癮計畫。然而，如果他們想要眞正的療癒，必須持之以恆，投入心靈的療癒。話說回來，在行爲的層次戒癮，仍是重要的一步，這能使人恢復清明，有餘力處理背後的罪咎與投射。容我再說一次，只要不流於苛責與懲罰，戒律絕對不是壞事。別忘了，小我造出形式，其目的就是要逃避內涵，耶穌則借力使力，利用同樣的形式，將我們帶回到他所知道的那種內涵。也因之，我們若否認了形式，勢必也否認了內涵。

問：你是說我在做愛之前，必須先花幾分鐘靜坐冥想，或至少思考一下這次性行爲的目的？

肯恩：天哪，當然不是！你在吃飯或洗澡之前，會冥想或思考你做這些事的目的嗎？請盡量保持正常，做正常人做的事。只有當性勾出了對立心態，它才是一個問題。你也只需請耶穌提醒你，讓你知道問題並不是它表面的樣子。如果依照你說的，行房前先冥想或思考一下，那種狀況，你的注意力全放在性上，反而容易將衝突的根源錯置於身體，而非心靈，因而你才會冀望冥想能幫你解決一切問題。

　　因此，請把性視爲另一個課堂，邀請耶穌教你看到內涵層次的問題，而非形式。請他幫你看清你所擔心的僅僅是心靈決定排除愛而投射於外的結果，也因此你才會覺得內疚，覺得不值得被愛。所謂「看清目的」，表示你明白了小我想盡辦法把你的注意力鎖在身體感受到的內疚上，讓你無視於其實是自己的心靈決心把這罪咎當眞的。

3 金 錢

導　言

　　談到金錢，我們的解讀，尤其在一般的美國社會裡，可謂全出於小我運作的基本原則，也就是讀者早已耳熟能詳的「非你即我，無法兩全」之心態。早在一切之始，我們還是唯一聖子之時，就向上主攤牌：「祢有一物是我想要，而祢是絕對不會給的，我只好自己動手搶。這一來，此物歸我所有，祢可就沒了。」簡而言之，這個原則要表達的是：任何事物，只要我有，你就沒有；一旦你有，我就沒有。總之，我們兩個人不可能同時擁有同一物。就算我們兩人都有一千元，但我們有的不會是同一筆錢。當初就是這一「非你即我，無法兩全」（亦即「追逐私利」）的原則催生了小我之夢，衍生出萬事萬物。若想弄懂我們對金錢的用法在哪裡出了差錯，而這個錯誤又要如何修正或化解，關鍵即在於此

一原則。

　　小我「追逐私利」的核心思維即是：「沒有人能同時擁有同一物，究竟他是上主，還是我是上主，反正只有一個能成為造物主。」事實上，我們與上主同具創造能力，只是祂是萬事萬物的第一「因」，而我們是祂的唯一之「果」。當然，嚴格來說，在天國完美的一體境界裡，並沒有第一或第二之分。耶穌說上主是「聖三」之首，但沒有所謂的第二，只有一個上主；不像基督教神學，把天父、聖子與聖靈分為三位（T-14.IV.1:7~8；T-25.I.5:1~3）。然而，在小我的思想架構中，上主高居首位，我們屈居老二，這是小我根本無法接受的。於是，我們在夢境裡開始造反，篡奪上主的寶座，自尊為大。這就是小我世界的存在核心，每個分裂心靈的內涵不過是說：「我從上主那兒奪走了生命，現在我有這生命，而祂沒有了。如今，我唯恐祂會從我這兒奪回，我就沒命可活了。」這就是我們投射在每個特殊關係，而且一再重演的基本心態。

　　容我重複一次，「不足心態」（也就是前面討論過的匱乏原則）以及「非你即我，無法兩全」的首要原則，成了小我思想體系的招牌。為此，在我們造出這

個世界來抵制內心這一駭人的內涵之際，匱乏原則滲入了小我體系的每一部分，造出一個「我有你無、非人人可有」的世界。前頭談性的時候提過，身體就是這麼造來為匱乏原則作證的，若不用氧氣充滿我的肺、用飲食填飽我的身體、用愛與關懷滿足我的身心需求，我必會大難臨頭。這就是身體的本質，永不饜足，需索無度，一個道地的無底洞，因它的終極源頭乃是匱乏與需求之念。

我們再複習一下，小我設計出一套高明的策略，不只保住了它要我們繼續分裂的願望，還可以把責任推到別人身上。如此，造就了我們在世上的匱乏感，我們不費吹灰之力就能揪出某個罪魁禍首，要他為我們的不幸負責。的確，只要我們有所欠缺，問題一定出在別人，而小我絕不讓我們看出一切原是咎由自取。在小我的世界裡，匱乏經驗必會聯想到「剝削」，這就是小我無明亂世法則第四第五條所說的（T-23.II.9~13），這也正是小我的絕招，因為倘若有人剝削我們，表示「外面必定有別人」。換句話說，這充滿一具具身體的世界便有了存在的必要，我們本該為匱乏心態負責的，這下全都理所當然地投射到外頭去了。這也表示我們巴不得別人擁有

的比我們多，我們才好理直氣壯，宣稱自己受盡不公的待遇。

　　所以耶穌才鄭重提醒我們：「當心那讓你認為自己受到不公待遇的誘惑。」（T-26.X.4:1）對我們而言，「感到被剝削」是一種難以抗拒的誘惑，因為只要我認為自己遭到不公待遇（在這世上俯拾皆是），我就得以脫身，不用負責了。還不止如此，我若活得悲慘不幸、窮困潦倒，非但能顯出有一個「我」在承受這些痛苦，而且錯還不在我。如此一來，我就得逞了，既保全了小我，還能嘗到它的甜頭。我活得愈痛苦，我的小我愈高興；由此可知，我打從心底想活在一個不平等的世界裡。的確，這世界處處不平等，因為它從未離開它那不平等的源頭，也就是認為「憑什麼上主有大能，而我沒有」的心態。人間是戰場，這些不平等的狀況在小我看來，就是不公道。但畢竟祂是上主，即使我以為自己已經毀滅了祂，祂早晚還是會回來收拾我的。

　　小我充斥匱乏與剝削的思想體系將自身投射出去，形成了一個世界，映現出同樣的不平等。在這樣的世界裡，我們必須「追逐私利」才得以存活，整個金融的象徵世界也由此應運而生。我的利益和你的利益顯然是兩

回事，你得為我的存活付出代價，我也得為你的存活付出代價，沒有比這種利害關係更加水火不容的了，因為這些相互排斥的目標根本不可能並存。但這個世界只能如此，因為它本身就出自「上主與我有利益衝突」的形上觀念：「祂以為祂是上主，而我認為我才是；我要毀了祂，祂也想滅了我。反正只有一個能活下來，不是祂死，就是我亡。」只是，這種念頭實在太過駭人，我們不能不逃避、掩飾，忙不迭地把這些念頭埋進內心深處，用世界覆蓋它，最後再罩上遺忘的帷幕。

我們現在所能意識到的，只剩下這個處處不平等的人間，我們的身體活在其中，目睹層出不窮的迫害／受害。我們以無助的嬰兒形相來到人世，擺明了要做世界的無辜受害者。於是，我不幸福不是我的錯；我出生也不是我的錯，誰教我媽懷我時酗酒嗑藥，甚至還染上愛滋；我餓的時候沒人餵我，這更不是我的錯；殘酷的命運讓我降生於貧窮而非有錢人家，這通通不是我的錯！當然，這樣的世界，沒有人能夠反駁它是不公平的。其實，真正待我們不公的，是這些經驗背後的小我之念。

金錢代表不平等的特殊性

世間萬象，最能彰顯不公的，莫過於金錢了，一部分人擁有大量財富，其他人則勉強度日。且不談多數人賺到的錢是踩著別人得來的，就連近來傳出的企業醜聞亦絕非罕例。一般來說（雖然不是沒有例外），經營企業原本就是為了賺錢，精明的商人會盡量設法降低生產成本，賣出時能多賺幾分就是幾分。這是資本主義的常態，即使在資本主義昌盛之前，人類照樣不管別人能得到什麼，只是一心謀取自己想要的。這個體系愈演愈烈，比如用機器取代人力，榨取第三世界、非法移民、弱勢甚至未成年的勞力，以獲取更高的利潤，同時還設法削減勞工的福利，好為管理階級加薪。雖然凡事不能一概而論，但這確實是一種常態，因為人人都在追逐一己的利益——顧客希望買到物美價廉的產品，商人則千方百計提高獲利，每個人都想要最划算的買賣，這樣一來，利益衝突就在所不免了。既然「追逐私利」出自小我的思想體系，它成了人類生存不可避免的處境。

如前所言，在我們的世界，極少數的人坐擁絕大部分的金錢，任由更多人在貧窮線下苟延殘喘。這個局面

一點都不令人意外，因爲它反映出這世界的成因，也就
是人心將這種不平等、不公道、匱乏、濫權的信念投射
於外，因之，我們才能罔顧它的存在，使它不得修正。
我們該問的不是自己怎麼會淪落至此，而是我們怎麼會
對這一現象視而不見。爲此，我們必須徹底了解小我，
尤其是「投射」的觀念。那種「又來了」的似曾相識之
感，能幫我們明白，原本在內心裡的東西怎麼跑到外頭
去了；並進一步體認到，我們在外面所看到的一切，必
然出於自己的內心，兩者的內涵必定是同一回事，因爲
觀念離不開它的源頭。下面這段話，我曾經引用過幾
句，整段是這麼說的：

> 投射形成知見。你眼中的世界，全是你自己賦
> 予的，如此而已。既不多，也不少。……它是
> 你心境的見證，也是描述你內心狀態的外在
> 表相。一個人如何想，他就會如何看。（T-21.
> in.1:1~3,5~6）

很少人會把金錢當作表達「共同利益」的工具，相
反的，它幾乎總爲「追逐私利」那一套理念代言。結果
每個人都拼了老命賺錢，能賺多少就要多少。或許有些
人會以「利益他人」自許，比如說，我要錢是爲了我的

家人、我的企業，為了這個從事人道工作的非營利組織；但說穿了，仍不外乎「我的家人、我的企業、我的組織、我的面子、我的名譽」等等，而不是針對人類整體、那個普世性的「我們的」。

《課程》描述特殊關係時指出，大多數的人際關係都是建立在這一基礎：「我想要從你那兒得到某物（愛、關懷、甜言蜜語，任何想要之物）。我會口口聲聲說我關心你，其實我根本不在意你。我要的是你擁有之物，因為那是我缺的。其實，我非常痛恨自己竟然有求於你，因為我需要的本該為我所有，只是被你奪走了，如今你擁有，而我只剩兩手空空。」請記得，匱乏會馬上讓人聯想到受剝削。特殊關係的遊戲規則，就是我必須討價還價，才能得到我要的愛與關懷。因此，我得想法子先滿足你的（最低）需求，讓你覺得從我這裡有所獲得，你才肯付出一生，作為交換。

《奇蹟課程》最礙眼、最讓人如坐針氈的文字，就數這些描繪愛的特殊關係的章節了，因為它們直搗黃龍，揭發我們不想正視的小我思想體系。《課程》戳破了「特殊性」下面暗藏的陰謀，那一內幕實在不好看，也就是特殊關係最不堪的本質：「我給你的，是我明知

毫無價值之物——我自己。我若真的有價值，根本不需
要你來彌補我的匱乏。所以，我只好拿出那卑微的自我
來交易，將一無是處的我精心打扮一番，放進漂亮的禮
盒，包上可愛的彩紙，再繫上鮮豔的緞帶和蝴蝶結，假
裝自己送你一個美妙的禮物，心知肚明這盒子裡空無一
物，但我衷心祈願你不會發現，但願你被那炫目的包裝
所惑，忘了打開盒子。」我們也可以用「兩種畫面」那
一節的比喻來說：「希望你定睛於特殊性的畫框，千萬
別注意到框內裱的是死亡的畫像。」（T-17.IV）正是如
此，在特殊關係的交易中，它的本質不過是：「我只要
給你價值很低，甚至毫無價值的我，就能換取我認為很
有價值的你。」

　　在商場上，交易的雙方很少坐下來，真誠和睦地討
論彼此的需要，依著這個基礎進行協商。就像我一直說
的，每一方都以「多拿少給」為唯一目的。工會當初之
所以崛起，正是為了修正管理階層的濫權，但歷史告訴
我們，最後連他們也陷入了濫用權力的誘惑。倘若勞雇
雙方真心以「共同利益」為最高指導原則，只要雙方能
尊重與生俱來的平等性，圍著茶几，握握手，萬事就大
吉了。遺憾的是，金錢早已淪為離間人心的重要工具，

成了一種龐大的權力象徵——只要有錢，就可以予取予求，不顧他人利益。它已成為一種權謀，不僅個人，就連集體也是如此，橫征暴斂的政府、各式各樣的社會團體都不免以金錢為手段。迷戀權力的統治者為了保住政權，寧可讓人民陷於赤貧，凡事依賴政府，連造反的機會都沒有。為此，這些統治者必然需要龐大的武力與軍隊，來保護他們的既得利益。

讓我們岔題一下，看看特殊性「多拿少給」的中心原則在宗教裡是如何運作的。打從分裂戲碼展開之際，我們就想收買上主，這促成了形式宗教的興起。然而在骨子裡，它無非是想買回上主的愛，所以耶穌被問及宗教在心理治療所扮演的角色時，他是這麼答覆的：「形式化的宗教組織在心理治療中沒有存在的必要，形式宗教在宗教裡其實也沒有真正的地位。」（P-2.II.2:1）耶穌所謂的「形式宗教」，指的是一般人所信仰的印度教、佛教、猶太教、基督教、回教，而非宗教裡比較靈性的修行或神秘傳統。一般而言，側重於形式儀軌的宗教，通常只想建立一套與上主討價還價的遊戲規則，而金錢往往具有最重要的象徵意義。

思考一下「十一奉獻」這種匪夷所思的觀念：「上

主給我們愛與生命的禮物，如今，我們必須將所得的
十分之一奉獻給祂。」這種交換充滿犧牲的色彩，只
要我們對自己夠誠實，就會發現自己對於「必須犧牲、
付錢買愛」其實非常不滿，因為在心靈深處我們會認為
這一切本來就該是一種贈禮。有時候，我們會退一步說
服自己：「因為我如此有福，我想要付出一點，作為回
報。」這種說法等於否定了「我們每個人都同樣蒙受一
切祝福」的事實。如此將形式（金錢）與內涵（愛與祝
福）混為一談，正是小我思想體系的核心，赤裸裸地展
現於世間每一角落。

　　小我最在意的，不外乎權力鬥爭。在我們的分裂之
夢中，我們奪得權力造出了世界，躍升為生死的主宰。
我們與造物主的關係經此扭曲，勢必衍生出「追逐私
利」的生活法則，而金錢必然化身為這種權力的巨大象
徵。舉例來說，即使我們累積了一大筆財富、生活一無
所缺，但總有芒刺在背之感，讓我們無法徹底的平安。
原因在於，我們多少心裡有數，那些積累的金錢財產是
「不義之財」，即使是誠實取得，小我始終指控我們是
偷來的。這是必然的，因為我們最初的本錢（個體的生
命）就是從上主那兒偷來的，正如無明亂世法則第四條

所示，小我始終指著我們說「你擁有你所奪取之物」
（T-23.II.9:1~4），也就是說，無論我們擁有什麼，其實
都是從別人那兒掠奪過來的。

　　世人未必這樣看待我們，但我們會這樣看待自己，
因為如願以償之感提醒了我們，在最初的那一刻，我們
是怎麼犧牲了上主而滿足自己之願的。由於時間並非線
性的，萬事萬物都在同一瞬間發生，過去真實之事，現
在必也真實。為此，內疚無可避免地化為生命的一部
分，不停地在心底折磨我們。這一來，無論擁有多少財
富，「永遠不夠」的感覺始終揮之不去。我們必須不斷
追求，才掩蓋得了內心的罪咎。約翰‧喀爾文〔譯註一〕
以此架構他的信條：「假使你在物質上得到成功，你就
知道你是上帝揀選的；反之，如果你的人生失敗，你就
不是上帝揀選的。」他相信上帝要我們擁有財富，為金
錢披上靈性的外衣。《聖經》則是另一個極端，將金錢
視為萬惡之源，不能同時崇拜上帝與瑪門〔譯註二〕，因

〔譯註一〕約翰‧喀爾文（John Calvin, 1509~1564）　法國著名的宗教改
　　　　革家、神學家，基督教新教的重要派別喀爾文派的創始人。
〔譯註二〕瑪門是 Mammom 的音譯，在《聖經》中，指對人有害之財
　　　　富、不義之錢財（馬太福音6:24；路加福音16:9），亦即俗稱
　　　　之財神。

爲非此即彼，無法兩全，你只能選擇其一。結果，許多人以爲他們要是有錢，在靈性上就不能爲神所悅納，喀爾文主義則代表了銅板的另一面，把物質財富視爲上帝的神聖旨意。

金錢與罪咎

　　和性一樣，金錢永遠擺脫不了罪咎的陰影，因爲它出於匱乏原則（非你即我，無法兩全）及濫用權力。它們共同的目的是，將罪咎與身體弄假成眞，在這一點上，金錢與性毫無二致。它們都致力於「追逐私利」，怎麼可能不同？如果我有錢，對我的小我而言，就表示有人沒錢。假使股市裡每個人都賺錢，或賽馬場上每個人都賭同一匹馬，而且都贏了，股市和馬場不就得關門大吉？總要有人贏有人輸才行。但我們若眞的贏了，潛意識裡的罪咎之念肯定馬上跳出來：「天哪！我又造了同樣的孽，爲了一己之私而謀財害命。」無論是什麼，都會勾起我們最初那一念及其惡果：別忘了「切莫以爲祂會就此罷休」（M-17.7:4），上主絕對記得，而且必會

降下祂的懲罰，毫不留情。而處理這個內疚的方法之一，便是用更多的金錢去掩蓋，如同焦慮的人想用更多的食物來壓抑焦慮，彷彿小我的念頭與感受就住在這空空的皮夾和腸胃裡似的。在「反基督」一節的第八段，耶穌談到了小我這一特質：

> 每一個偶像的崇拜者，都暗自希望他的特殊神明能給他比別人更多的東西。必須多一點，不管什麼東西，多一點美貌，多一點智慧，多一點財富，甚至多一點煩惱或多一點痛苦都好。
> （T-29.VIII.8:6~8）

任何的防衛方式都可以用，只要能強化特殊性，讓我與眾不同就行。

性關係很難避免內疚，有錢也難逃內疚的侵蝕。然而，金錢本身並沒有對錯可言。如同性關係，金錢之所以引發內疚，是因為它為小我效命，它追逐的是私利，還為此找藉口，安自己的心。請記得《哈姆雷特》那句至理名言：「世間本無善惡，端看個人想法。」賺錢本身無好無壞，純視賺錢的目的而定。只要你是犧牲別人的利益來賺錢，或者做買賣不老實，就算你的生意蒸蒸

日上，你的內疚也會節節高漲，這是小我從一開始就秘而不宣的目的。

　　為此，奇蹟學員的確要向耶穌求助，請他陪同我們檢視自己的企業經營手法，比如說，非但把潛在客戶當作競爭對手，就連對待員工也像防賊一樣；登載不實的廣告，在合約裡以小到看不見的字體蒙蔽客戶；縱使節流有術，不降價也就罷了，甚至還漲價來提高利潤；減少產品的量或降低品質卻不降價，讓顧客付更高的價錢反而得到更少；精明的商人會縮小包裝、改版上市，但是價格不變，甚至上漲。雖然企業依法有義務要盡其所能為股東賺錢，但要提高利潤未必就得犧牲共享心態、欺騙消費者、占他們的便宜，也無需為了帳面數字好看而剝削員工。我們只要坦誠地檢視自己的經營手法，自然會明白請了哪一位導師擔任企業顧問。

　　我們遲早會被罪咎之苦逼到忍無可忍的地步。即使擁有了一切，永遠還是不夠，或者相反的，總是無法如願以償而苦惱不堪，這時候，我們才會說：「一定另有出路！」這句話等於邀請耶穌擔任我們的導師，指點迷津，明白問題不在金錢本身，也不在有錢或沒錢，而在於我們看待金錢的態度。容我再說一次，巨富與赤貧只

是一個銅板的兩面，都能在自己的處境中佔到便宜。有錢人會因「不義之財」而內疚；而沒錢的人則會指控世界的剝削，也一樣因著指控而引發內疚。總有一天，我們都會忍無可忍而呼求幫助。耶穌會幫我們明白，我們不過是重演最初無明一念中「奪權、濫用、匱乏、剝削」那些伎倆。也就是說，他會教我們看清，無論財務狀況好壞，反映的不過是小我思想體系中「追逐私利、非你即我、無法兩全」的原則而已。

耶穌至為盼望我們能體認到：若能依循他「共同利益」的原則而活，日子定會好過一些。他甚至把這一心態視為上主之師唯一需要具備的資格（M-1.1:2）。只要有一個人輸了，或感到被剝削，整個聖子奧體同受失落之苦，因它是同一個生命。只要我們還對聖子奧體任何一個成員刻意地區分評比，等於是將上主之子再度釘上十字架。但終究而言，聖子奧體裡不會有輸贏的，〈正文〉第二十五及二十六章特別談到正義的問題，耶穌說救恩的最終底線在於沒有人會失落、每個人都能獲益（T-25.VII.12）。小我的殿堂則建立在「犧牲才有獲得」的基石上，也因如此，今天才會有這充滿了贏家與輸家、你有我沒有的世界。

　　世界既然是由小我有得有失的思想體系發展出來
的，想要改變世界、緩和經濟問題的流弊，人心的轉變
是不二法門。由奉行小我「追逐私利」的教條，轉爲
聽從聖靈「共同利益」的慧見，也就是明白我們每個人
都一樣，都是一體相通的。你無需放棄性生活，也不必
放棄金錢財產，聖靈不會奪走你與它們的特殊關係，
祂只是改變它們的目的來轉化它們（T-17. IV.2:3；T-18.
II.6~7）。你必須明白這一點，才不至於將《奇蹟課程》
與其他法門混爲一談。

　　耶穌不會要求你放棄自己看重的事物，他只會跟你
說，你若肯放下那套讓你執著於某個象徵的思想體系，
你就會快樂一點。換句話說，耶穌的教誨無關乎行為，
他從不要求你放棄你的經商本領，只要你看清自己和誰
一起經營企業，究竟是和小我還是耶穌商量金錢問題？
爲此，金錢可能成爲分裂與匱乏的象徵，也可以成爲愛
與共享的象徵。後者反映的是聖靈的救贖原則，表示
我們並非分裂的，而前者充分反映小我的分裂，也就是
「非你即我，無法兩全」的原則。

　　〈心理治療〉的最後一段「付費的問題」，針對治
療師是否應向他們的病患收費這類金錢議題，耶穌的答

覆很清楚：金錢是中性的。

> 聖靈會善用人間的一切資源來推展這一療癒計
> 畫，這是上主的安排。不論多麼資深的心理
> 治療師，只要活在世上，難免會有世俗的需
> 求。他若需要金錢，他就會得到；那不是一種
> 酬金，只是讓他能夠順利地完成上主的計畫
> 而已。金錢並非邪惡。它什麼也不是。（P-3.
> III.1:2~6）

顯而易見的，耶穌絕非反對金錢、貨物或服務這類
交易，他只是說，無代價之物，便無損失可言；沒有人
損失的話，表示每個人都獲益了。耶穌在此特別區分
「付費」與「代價」的不同，付費是基於共同利益，而
形式則依雙方的需求而定，一方需要金錢，另一方需要
這一服務：「按照上主的計畫而付費，稱不上是付出代
價。」（P-3.III.2:7）而代價常反映出小我的犧牲信念，
有人得，便有人失：「該付費時卻吝惜不給，那種代價
可高了。」（P-3.III.2:8）

在這個問題上，耶穌的見解與卡爾‧馬克思 （Karl
Marx）的理念相近：**各盡所能，各取所需。**這位十九

世紀的理想主義者認為，社會中每一個人應該依一己之所能而付出，依一己之所需而獲取。順便一提，馬克思的理念乃是根據人人平等的觀念而來的烏托邦理想，請勿將它與現代自命奉行馬克思主義的政治體系混為一談。在1920年代，佛洛依德已有先見之明，他認為馬克思主義勢必失敗，理由並不是因為外界的阻撓，而是由於馬克思與其信徒沒有認清人類與生俱來的侵略性及自我中心的傾向。佛洛依德要說的是，冀望人類活出「共同利益」的理想境界（不懷私心地施與受），實在太過天真。他閱歷頗廣，深知人心的貪婪、自私與仇恨，可謂人人皆然，最後勢必會落入「追逐私利」的陷阱。的確，這正是孕育我們之處，我們由此而生，在此成長，以此為家。除非有一天，它背後的小我思想體系終於瓦解，世界才會反映出聖靈的一體之愛（而非小我的分裂之恨），馬克思的理想也才可能實現。

容我再說一次，問題不在於有錢是不是罪惡、沒錢是不是高尚，這完全取決於個人的價值導向，關鍵在於你能與人共享內心的平安。這並不是說有錢人應該將財物佈施給窮人，我要強調的是：不論你做什麼，應先回到心中向聖靈求助，清除所有內疚與特殊性的干擾，唯

有如此，你的行為才會對所有的人自然流露出愛與關懷。佛洛依德之所以認為馬克思主義註定會失敗，因它只著眼於外在，忽略了人的動機與行為全受潛意識的小我思想體系所操控。這一原則可套用於所有行為層次的問題，舉例來說，當你以「共同利益」為指標時，你仍能與車商講價、購物時精打細算，只是沒有小我的那股殺氣，你不會把「砍價成功」視為一種勝利，因那對心靈而言（尤其是潛意識），等於重溫它在無始之初戰勝上主的凱旋心態：「我賺到了！」

總之，在改變行為以前，不妨先與耶穌一同退後一步，檢視一下你遇到金錢或性的議題時，是否放任自己依循利害關係而行事。也就是說，不要設法去改變行為，而應決心改變你對自己行為的看法（T-21.in.1:7）。這表示第一步是觀看，這一步本身就是最重要的改變，因為小我是絕不觀看的。請試著不帶評判或內疚，僅僅觀看你或別人的所作所為。倘若你宣稱「我從不誠實報稅，反正政府不過是合法的搶匪」，姑且不論國稅局的作為是否合乎道德，你一旦抱著這種態度，便會滋生內疚之感，因為你聲稱別人先對不起你，你才以其人之道還治其人。如同我們剛剛所談的商業交易，買家一味追

尋划算的價格，不管賣家死活；而賣家只關心自己的利潤，從不爲顧客著想。就算這種經營手段並不違法，畢竟不脫小我心態，至於平等夥伴關係、共享利益，這類觀念對它是不具意義的。

　　當你聽從聖靈的慧見，根據「共同利益」而行事時，你無需別人附和，更無需邀請別人來共襄盛舉，除非對方自願如此。這一轉變純粹發生於自己心內。只是，千萬別小看「追逐私利」這最高指導原則，它是我們生存的動力，最初正是它賦予了我們的存在，不論是捲入性、金錢或其他問題，都會本能地掉回它的窠臼。我們不能不了解這類行爲所付出的代價，「追逐私利」強化了分裂的最初一念，加劇了它們衍生的罪咎，使「身體是眞的」這一信念更加鞏固──我們的確需要身體的眞實性，來遮蔽心中的罪咎。小我不斷鼓吹私利，不論是公然喊價，還是暗地盤算，都是小我鞏固思想體系最陰險的高招，即使我們認爲自己是這部課程的忠實信徒也難以倖免。所幸，就算金錢與性一直被人用來強化分裂、濫用權力、追逐私利，它們還是可以充當人生的主要課題，爲我們的寬恕提供最佳的道場，並因而成了我們的「特殊任務」，這是我們下一章要談的主題。

＊　＊　＊　＊　＊　＊　＊　＊　＊

問：我工作的這家公司，確實用了你說的手法欺騙客戶。我該辭職不幹嗎？

肯恩：那倒也未必。即使這家公司的經營手法在你看來很不公道，但在你決定離職以前，不妨先反省一下：就在評判雇主的同時，你是否也犯了同類的「罪行」？沒錯，他們只顧慮自己，自私自利，把個人利害擺在共同利益之上，充分反映出小我的分裂思想體系。但是，當你站在受害者這邊對抗迫害者時，你也落入了同一個分裂的思想體系，把聖子奧體劃分為造孽與受孽兩邊了。

然而，這也不表示你非得留在這個崗位不可。你可記得耶穌對我們的請求：「*即使你的弟兄向你提出一些『蠻橫無理』的要求，去做吧。*」（T-12.III.4:1）也許對你而言，繼續為你那位充滿小我的老闆工作，就是這個「蠻橫無理」的要求，然而，當你獻給他們自認不配得到的寬恕，這寬恕其實是你獻給自己的。又或許，「蠻橫無理」的要求是要你辭職，但請以寬恕之心，誠摯祝福對方。如此，無論你是離職或留職，你都繼續給出，也收到了我們都渴望的寬恕。

4 重點歸納

特殊的任務

　　最後讓我們選讀〈正文〉第二十五章第六節「特殊的任務」，作爲前面討論的總結。這幾段引文和《奇蹟課程》全書風格完全一致，並非針對某個具體問題而寫，即使談到性與金錢的課題，耶穌的教誨仍是一貫的：我們原本拿這兩件事傷害自己並繼續分裂下去，而現在正是學習以全新眼光看待這兩個議題的最佳機會。於是，接受聖靈，修正「我們選擇了小我」這一錯誤，成了我們的特殊任務──將投射到「形式」上的罪咎帶回心靈層面，讓它在此獲得寬恕。所謂向聖靈求助，即是透過祂的慧見看清自己是怎麼利用這具身體的。倘若我們能僅僅著眼於聖子奧體的共同福祉，那麼，原想透過分裂來傷害彼此的種種錯誤，便得以轉化成療癒的工具了；目的一旦提昇轉化，代表小我「**非你即我，**

無法兩全」（one or the other）思想體系的性與金錢，就成了聖靈「**若非同心，一切枉然**」（together or not at all）這一思想體系的活見證（T-19.IV.四.12:8）。

> 這是聖靈的慈悲知見下的特殊性，祂會用你所造的一切來發揮療癒的功能，不再傷人。祂賦予每一個人唯獨他才能完成的救恩任務，專門為他設定了一個角色。除非他找到自己這份特殊任務，完成聖靈指派給他的角色，否則便無法在不圓滿的世界重獲圓滿，整個救恩計畫就此功敗垂成了。（T-25.VI.4:1~3）

「不圓滿感」之所以在這世界大行其道，乃是因為眼前的一切無不出自匱乏與不足之念。然而，圓滿之道絕非寄託於外在的任何事物，既不是追求更多偶像來供我們膜拜，更不是累積金錢或功名利祿得以體現的，而是立定志向，請那位神聖導師教我們如何療癒那誤以為自己不圓滿的妄念。聖靈絕不會給我們一個「具體的」特殊任務，祂不會要求我們成天穿梭奇蹟圈子或繞著各種公益活動團團轉，而是讓我們好好修習自己招來的人生課題，療癒與自己糾纏難解的人物、資產、金錢、食物、酒精等等的特殊關係。換言之，我們的特殊任務就

是向祂求助，讓這類特殊關係不再爲小我的分裂目的效
命，轉而爲聖靈的療癒宗旨服務。

　　舉例來說，倘若我有某種癮頭，我的特殊任務就是
寬恕這個癮頭，並且寬恕那些我認爲害我上癮的人。其
實，他們本身並沒有害我上癮的力量，我的寬恕不外乎
收回自己賦予他們的力量，因爲他們根本無法從我這兒
奪去上主的平安，那完全是出自我自己的決定。如果我
和你有愛或恨的特殊關係，寬恕這一關係就成了我的特
殊任務；如果我與金錢有特殊關係（無論是因爲貧窮而
被賤視，還是因爲富有而受倚重），金錢就成了我學習
寬恕的象徵性工具。

　　在這世界，上主之律雖然尚未大化流行，但他
　　仍有一件完美的事有待完成，仍能作出一個完
　　美的抉擇。只要他決心特別忠於一個被他視爲
　　異己的人〔特殊之愛或恨的對象〕，就會當下
　　看出這是上主給自己的禮物；由此可見，他們
　　必是同一生命。（T-25.VI.5:1~2）

　　「一個完美的抉擇」指的就是寬恕，而不是把特殊
性當眞。倘若認爲自己幸不幸福、平不平安，全繫乎是

否有錢，這就是你和金錢有特殊關係。事實上，你對金錢的渴求，絕不是表面看來這麼單純，背後通常還有一個你認為曾經虧待你的人。或許你的應對方式是希望趕快長大，成為一個有錢有勢之人，以便向對方證明你絕不會這麼輕易被他打倒；就此而言，他，正是有待你寬恕的對象。你要寬恕的根本不是金錢，金錢什麼也不是，不過是你攻擊的藉口罷了。又譬如你從小沒被父母好好照顧，為了讓他們知道自己造了多少孽，你會不惜讓自己一事無成，甚至一輩子窮苦潦倒。

這不過是一個銅板的兩面。表面上不論是藥物、性、食物或金錢害你上癮的，就實質內涵而言，皆非關鍵所在；而這些事物不論是太少或太多、正面或負面的影響，都會害你上癮的。要知道，無論是哪一種痛苦的癮頭，背後都有幾張臉孔，十之八九會牽扯到父母，也可能另有其人。如今我們終於明白，寬恕之禮到頭來其實是獻給自己的，也因此，我們必是一體生命。這是必然的，只因我們追求的「共同福祉」是一樣的──讓原本對立的特殊夥伴，成為幫助我們憶起一體生命的特殊夥伴；讓原先流落各方的眾多聖子，成為唯一的聖子奧體。

> 在時空世界裡，只有一個任務是有意義的，就
> 是寬恕。聖靈正是借用這一工具而把特殊性由
> 罪轉成救恩的。（T-25.VI.5:3~4）

耶穌指的並不是行為改變或提升，而是心靈的改
變；耶穌真正想說的，僅僅如此而已。他根本不在乎我
們如何行事，他既深知身體並不存在，只是幻夢中的一
個形相，又怎麼可能在乎形式上的增減消長？他只關心
夢者，也就是深居心內的抉擇者，才是他諄諄教誨的唯
一對象。

> 寬恕是為所有人而設的。（T-25.VI.5:5）

這正是《課程》透過不同形式所要表達的一貫要
旨：沒有人會被拒於寬恕大門之外，我們只要排除任何
一人，等於認定了上主的聖子奧體並非一體生命，這
無異於將祂一體生命的聖子再度釘上十字架。海倫的詩
〈聖誕禮物〉開頭幾句是這麼說的：

> 基督不會忽略**任何一人**，
>
> 單憑此，
>
> 你知祂是上主之子。
>
> 祂的輕撫

你看到**無所不在**的溫柔；

袖的愛

由你流向每一個人。

在袖的凝視下，

上主的愛徐徐自萬物復甦。

——《天恩詩集》／暫譯 P.95

　　是的，除非我們待人處世能夠一視同仁，不再排除任何一人，我們才敢說自己真的在聆聽聖靈的天音，牽著耶穌的手，透過基督的慧見看待一切。縱然行為表達的層次處處受到限制（尤其是涉及性與金錢時），斷然不可為了「一己之私」而將某人排除在外。一言以蔽之，性行為與追逐金錢未必出自「妄心」，只有在為小我「追逐私利」的目標代言時，它們才會成為問題；而化解之道無他，乃是寬恕自己與別人。也因此，寬恕之門必須為所有的人而開啟，否則任何人都進不來。

　　直到所有的人同蒙此恩，它才算大功告成，世界也因之功德圓滿。那時，時間便沒有存在的必要了。但當我們還活在時空之內，仍有許多

可為之處。每個人都需負起被指定的任務，因
整個救恩計畫有賴於他那一部分才能完成。
他在時空世界確有一個特殊任務，他必須作
此選擇，且不改其志，這才會成為他的任務。
（T-25.VI.5:6~10）

上記「在時空世界確有一個特殊任務」，乃是針對
小我的特殊性而說的。我們老想要與眾不同，也往往如
願以償——因為那根本是我們自己造出的夢境。但請注
意，耶穌要強調的是，「但當我們還活在時空之內，仍
有許多可為之處」，縱然時間是幻，只要我們相信自己
身在其中，就還有寬恕的功課要做。過去，我們利用時
間，把幻相搞得真實無比；現在，我們將自己親手打造
的牢房交託給聖靈，讓祂將牢房轉為課堂，我們才可能
在此學習祂的寬恕功課，化解**過去**的罪、**現在**的咎，以
及**未來**的懼。

　　上天從不否定他的夢想，只會幫他改變形式，
　　純然為了弟兄與他自己的益處，如此，他的
　　夢想才能成為拯救而非淪喪的工具。（T-25.
　　VI.5:11）

相同的，這幾句話的重點仍是改變**內涵**。耶穌沒有否定我們對特殊性的渴望，只是教我們賦予全新的意義，不再刻意獨樹一格、排斥他人或與人隔離，而是明白自己的「特殊任務」只是放棄小我所教的一切。因為我們同時明白，小我特殊性的牢房，到了聖靈手中便成為寬恕的課堂。

接下來，我們跳到第六段的第六句。

> 自從他選擇特殊性而傷害了自己的那一刻，上
> 主已把特殊性指定為救恩的工具了。於是，特
> 殊的罪轉變為特殊的恩典，特殊的恨也轉變為
> 特殊的愛了。（T-25.VI.6:6~8）

我們原本在性與金錢上的所作所為，不外乎基於「特殊性」傷害自己或他人。這一段末句的「特殊的愛」顯然是正向的，我們只需轉化「想要與眾不同」的心態即可。然而，若要扭轉這一傾向，我們必須正視以前認為自己的利益與他人有別時是如何濫用權力、金錢、性等等與身體形相有關的一切。可以說，世上無人能逃出小我的魔掌，但若因此感到內疚，只會雪上加霜。沒有錯，我們之所以流落人間，是因為在一切之

始，我們集體作了這一選擇，視自己的利益與上主有別，為此，除非我們願意選擇聽從另一位導師的指引，徹底扭轉自己的心靈，否則不可能不重蹈覆轍的。

我們接著討論第七段的第六句。

你的特殊性只有在黑暗中才會露出它的利爪。
（T-25.VI.7:6）

我們一旦對特殊性感到內疚，就會把它看作罪大惡極，這就是第六句所指的「黑暗」。耶穌會這麼告訴我們：「無需為了特殊性而內疚，也無需擔心魅影，因為那正是你來到世上的功課（T-18.IV.2）。從小我的觀點來看，你生來就是為了將魅影當真，並為此責怪所有的人。然而，一旦明白了自己的所作所為，你便能向我求助，讓我將你的錯誤轉化為教導『你早已獲得了寬恕』的課堂。只有罪咎才會唆使你將特殊性當作一種亟待懲罰的罪；但請切記，錯誤並不等同於罪。真要說的話，光只是生到人間就是一個錯誤，因那形同與上主分裂。話說回來，錯誤並沒有大小之分，要是看清了錯誤，卻又因為內疚而緊抓著錯誤不放，還不讓我前來化解，那就太不智了。」

在光明裡，你會認出那是你在救恩計畫所負的
特殊任務，保護上主之子不受侵犯，還幫他明
白自己不論在時空內或永恆中都能高枕無憂。
這是上天為了你的弟兄而賜你的任務。現在，
輕輕地由弟兄手中接下這一任務吧！救恩方能
在你內圓滿成就。你只要履行這一任務，其餘
的上天都會賜給你的。（T-25.VI.7:7~10）

我們只需與耶穌攜手合作，回顧自己的一生（包括
過去和現在），看清我們在人際關係、金錢等各方面是
如何濫用權力的，然後真心地對自己說：「確實，我是
一直這麼做的，如今我也看到這類作為帶來的只有痛
苦，我不想繼續苦下去了。我知道，內心的罪咎才是我
痛苦的根源。」耶穌要我們明白的，不過如此而已。

與耶穌一同觀看

針對性與金錢這種令人血脈賁張的重大人生課題，
我們一定會質疑：光是觀看卻什麼都不做，如此就夠
了嗎？答覆是斬釘截鐵的「是」，我們只需與耶穌一

同正視這一表面問題，同時看清這類「大事」所引發的
張力和能量正是小我企圖將我們的注意力聚焦在外境的
絕招。先前在進入「性與金錢」的主題時，我曾經引用
〈正文〉提到「上主會因為我們的罪而懲罰耶穌」這一
瘋狂信念。雖然這一信念和其他幻相一樣虛妄，但它之
所以更難放下，正因為這一防衛機制對我們無比重要。
我用這句引文導入後續的討論，因為一般人實在難以相
信性與金錢和其他人生課題真的沒兩樣。其實，這兩大
課題所激發的情緒能量，不過是因為我們把罪咎全都投
射到身體而已；不消說，性與金錢都是衝著這一具身體
而發的。

　　小我造出了身體，正是為了阻止我們回歸心靈。小
我心知肚明它的存在岌岌可危，因為我們一旦回歸心
靈，就絕不會再選擇分裂了。只要我們注意的焦點緊盯
著身體不放（就像我們被性與金錢牢牢吸引一樣），我
們與心靈的距離就愈來愈遠。不僅如此，只要觸及性與
金錢，我們便身不由己地掉入「**非你即我，無法兩全**」
的陷阱。無論我追求的是成功、逸樂還是幸福，別人都
得付出代價，都是無始之始「非祂即我，無法兩全」這
一念的餘孽而已；而如果「我」的存在甚於一切事情，

那麼就不能不犧牲上主了——就是這一念，成了罪咎的溫床，從此在我們心中陰魂不散，並為世間的具體人生蒙上一層陰影。說穿了，性與金錢不過是激起極度內疚的兩種生活形式罷了。

正因為性與金錢在人間扮演了重要的防衛機制，成為我們最容易投射罪咎的對象，它們也順理成章成了最有力道的人生課堂。我們的人生目標乃是回歸原點，也就是心靈選擇了罪咎的那個決定，否則，我們永遠不可能獲得療癒，也永遠只能坐困於小我的思想體系，永無出離之日。當然，小我會千方百計阻止我們回歸這一原點，讓我們一再受制於罪咎，卻意識不到它的存在。為此，凡是能幫助我們憶起自己這個充滿罪咎之心靈的事件，都成了我們修行的一大助緣。

有鑑於此，耶穌的療癒過程，第一步就是幫我們看清自己怎麼拿性與金錢當藉口，不是踐踏自己，就是傷害他人。唯有向耶穌尋求協助，我們才可能看出那些縈繞在性與金錢的焦慮其實是極為重要的警訊，它提醒我們，大事不妙了，但絕非我們心目中認定的那個狀況，因為「我絕不是為了我所認定的理由而煩惱」（W-5）。是的，我們不必否認內心對性與金錢所感受到的衝突，

也無需怯於承認它們已成了自己愛恨關係的對象或焦點。只要我們容許自己體認到這一層次，自然會將我們引入重要的下一步，觸及問題背後真正的導火線──投射。此外，小我最愛用的另一個絕招則是疾病，讓我們對身體不敢掉以輕心。眾所周知的，對受病痛所苦的人來說，除了止痛之外，什麼都不重要了。

容我再說一次，小我始終用性與金錢轉移我們的注意力，讓我們盯著世界與身體不放，完全將心靈拋諸腦後。直到我們走投無路、舉手投降，打從心底說出「一定另有出路才對」，這時，小我用來鞏固分裂的種種焦慮才會搖身一變，成為聖靈救恩計畫的關鍵要素。原本只知向外看的眼光終於轉向內在，我們開始有所領悟，原來那些「外頭的問題」並非發生於外，它其實一直藏在我們的心裡。

我在第二章提到，佛洛依德之所以緊抓著他的性理論不放，主要是因為性本來就是一種生理現象，這一點對他非常重要。生理就是身體，我們不難明白為什麼自己始終對性與金錢難以忘情，即使還沒到執迷不悟的地步。再說一次，身體念念不忘卻衝突不斷的那些人生目標，給我們絕佳的機會，看清真正的衝突所在其實與生

理和身體一點關係都沒有。比起背棄上主來篡奪個體的存在感、犧牲上主來滿足一己所需的原「罪」而言，利用別人來滿足性或金錢的需求，充其量只算是冰山的一角。人生百態不過是同一主題的一系列變奏曲，如此而已。

總之，我們必須在這個全新的框架裡，觀看縈繞在性與金錢周邊的張力，看清這只是小我將我們的焦點扣在身體上的一個絕招——就這個目的來說，這一招確實管用。小我會想盡辦法在不是問題之處製造問題，心靈對它來講是一條絕路，因此，故意把心靈的問題界定為身體與世界的問題，讓我們在人間尋求解答。為此之故，它造出這個世界企圖解決心靈的罪咎，然而，世界與身體本身卻又成了亟需解決的問題。問題愈是觸目驚心，我們愈是只敢在身體層次尋求一個生理、心理或社會的答覆。我一再強調，只要我們向耶穌求助，與他一起觀看小我，就能扭轉這一局勢，他會教我們看出那些情緒張力並不是外來的，而是出於心內深不可測的罪咎與自憎，說到究竟，它們不過是在抵制上主對我們的愛，以免我們憶起自己原是上主之子。

〈正文〉第十二章第八節「愛對愛的吸引」指出，

我們千方百計想隱藏的愛，才是種種情緒張力的眞正源頭。另如第十三章第三節所說的：

> 然而，你對天父熾烈的愛，以及祂對你的
> 愛，遠比小我的基地更深，也遠比小我的力
> 量更大。這才是你眞正想要隱藏的事實。
> （T-13.III.2:8~9）

我們對回歸天鄉的渴望，正是小我拼命要壓制與隱藏的，也因此，它極力說服我們以爲自己渴求的愛、撫慰、幸福，甚至天堂都必須從世上去尋找。小我還唆使我們說，最能滿足這些渴望的，莫過於性與金錢了。直到我們眞正體認到這些與身體有關的課題所引發的焦慮，只不過是爲了掩飾心靈深不可測的罪咎，而罪咎的張力也只是爲了掩蓋我們內心深藏的愛，至此，人生才出現曙光，身體也才開始發揮眞正的大用。

也因此，與耶穌攜手一同正視這些問題，指的就是不再讓自己坐困於戰場之中，而是提升於戰場之上，由更寬廣的大局看清身體不過是心靈的投射。在這種眼光下，身體的緊張感自會逐漸消退，終至銷聲匿跡，因爲小我想讓我們的焦慮外移的動力撤銷了。的確，那

種無名的焦慮勢必會消失，因為身體再也無法搧風點火了——和我們的經驗恰恰相反，身體其實什麼也感覺不到。人們常把高亢的性能量、快速的新陳代謝，或是各式各樣的「高」指數等等，全都歸屬於生理因素。其實，根本沒有「生理因素」這一回事！身體所感受到的，不過是心靈要它去感受的。容我再說一次，我們不需要改變身體的覺受，真正需要改變的，是我們要身體如此感受的目的究竟何在。對小我而言，這些感受是為了讓我們忘卻自己還有心靈；對聖靈來說，身體則能帶領我們回歸問題的源頭，讓心靈重新覺醒。

由此看來，無論是為了食色名利，還是爭一口氣，或者想證明自己是對的，凡此種種所引發的情緒張力，都不過是小我層層防衛措施的一環，企圖將我們的心力緊扣在世界的絕招。這些張力總有一天會煙消雲散的，因為它們不過是小我想把我們對上主之愛的渴望轉移到外境的障眼法。只要我們鍥而不捨，以回歸天鄉為志，我們就壓根兒不需要這些障眼法來掩飾自己的罪咎。值得留意的是，小我仍會不時伸出它醜陋的腦袋，企圖絕地大反攻，尤其當我們真正用聖靈的眼光來看待自己時，小我更是窮凶惡極（T-9.VII.4:4~7）。誠如〈正文〉

第八章所說，當我們開始牽起耶穌的手前行時，小我必會展開報復：

> 途中，若有恐懼侵入我們的平安，表示小我企圖加入我們的旅程卻無法得逞。小我會深感挫折而惱羞成怒，設法為自己遭受拒絕而伺機報復。（T-8.V.5:5~6）

明白這一原理，對我們有很大的幫助，每當恐懼、內疚或怨恨來襲時，我們至少知道是怎麼一回事，而不至於在小我反撲時仍以小我之道還擊回去。

顯而易見的，《奇蹟課程》既不**反對**也不**鼓勵**性或賺錢。耶穌對此毫不在意，因為於他而言，身體根本不存在。他只關切你做這些事情的目的，這屬於心靈層面的問題，也是他唯一關注的事。耶穌只存在於心靈層面，不會出現在別的地方，因為**根本沒有「其他地方」**這一回事。請記得，身體從未真正存在過，它只是一個不存在的念頭所投射出的形式而已。同樣地，分裂的心靈也從未存在過，但只要我們還相信自己是不同的個體生命，心裡不可能沒有分別心或分裂之念的。就算我們認定眼前的世界是分裂的，真相也不會因這一信念而改

變。打個比方來說，當我們夢見耶穌，並不代表他真的
存在於我們的夢中，也不代表他出現在我們的臥房裡，
他只是我們內心的一念或一個象徵，被投射到夢裡而
已。由此可知，他也不可能真的存在於世間身體的夢
裡。

　　《奇蹟課程》表達得夠清楚了，耶穌只關注一切事
情的目的，**目的即是一切**。容我再說一次，我們原本用
來傷人或自傷的，聖靈都能用在療癒上，而這一轉化正
是奇蹟。我們一旦明白形式純粹是中性的，它能為小我
效命，強化罪咎與分裂，而讓夢境儼然如真；也能為聖
靈所用，以寬恕化解罪咎，讓我們由夢中甦醒。形式本
身並無善惡可言，它不過就是形式而已。我們既已造出
世界，若想在這裡真心學習，最重要的，莫過於我們究
竟願意聽從哪位導師的指引。我最後必須再重述一次，
正因為性與金錢在人間成了罪咎、暴力、權位、痛苦、
快樂等等「最強大的象徵」，它們也可以變成「最有力
的工具」，幫我們化解小我，讓我們回歸天鄉。〈學員
練習手冊〉下面這段文字，中肯地總結了身體的兩種目
的──「追逐私利」與「共同利益」：

身體只是一個夢……，身體既是為了讓人害怕而形成的，它必須恪盡其職。然而，身體原有的指令是可以改變的，只要我們願意改變身體在我們心中的目的。（W-pII.五.3:1, 4~5）

身體是上主之子恢復健全神智的工具。雖然它當初是為了把聖子關進永無生路的地獄而造的，如今，天堂取代了這座地獄，成了身體存在的目的。上主之子向自己的弟兄伸出援手，相互扶持，一起上路。如今，身體成了神聖之物。以前以殺人為目的的它，如今開始致力於心靈的療癒。（W-pII.五.4）

* * * * * * * * *

問：你的意思是不是說，只要我開悟，心靈就自然療癒，根本不需要性生活了？

肯恩：我完全不是這個意思。我只是說，性不會成為你的問題，就和飲食、財富或任何我們重視之物一樣，不會構成問題。但這並不表示只要我們開悟，就不

用呼吸、不再需要吃喝或不再做愛。我們也許會，也許不會。種種生理活動或許有所改變，但不管怎麼改變，形式已無足輕重了。關鍵在於，無論做什麼，我們都是出自愛，而非怨恨，出自平安，而非評判。

問：當我覺得匱乏或情緒糾結時，請求寬恕才是最好的辦法，對嗎？

肯恩：是的。當我們陷於某種困境，必須先承認自己出了問題。接下來，避免掉入小我的陷阱，也就是千萬別將不愉快或不舒服的感受歸咎於外在事物。這一努力，等於邀請聖靈啓動寬恕的過程：收回怪罪於他人的投射，開始往內去看，爲自己的不快樂負責，清楚看見是自己選擇了不要幸福，並且明白那只是你過去的選擇，然後你隨時可以重新來過。請牢記，願意承認「是自己選擇了不快樂」，乃是寬恕的眞諦──顯然，這不可能是小我與你完成的。只要做到這一點，即使你並未有意識地憶起聖靈或耶穌，其實你等於已經向祂們求助了，否則你不可能走到這一步的。

再重複一次，你唯一需要明白的是，你的處境是你自己選擇的。你無需改變那個決定，這就是爲什麼〈正

文）說：「奇蹟幫你看清是你在作這個夢，而且夢中情景都不是真的。」（T-28.II.7:1）你看，沒有任何一個字提到你該改變什麼事情。光是不評判、不內疚地看著這一妄心的思想體系，就等於宣告了小我的末日，選擇了聖靈，這是唯一必要的改變，也就是耶穌向我們要求的「小小的願心」（T-18.IV）──真心誠意地與他一起正視小我。換言之，你無需努力改變小我，因為如果你這麼做，等於把它的思想體系弄假成真了。只要正視你的小我，不自我批判，看著自己是怎麼錯用了性、金錢和權力，看著你為此付出多麼大的代價。但請記得，只是看，無需為此內疚。小我那一套害你失去了上主的平安。世上有什麼東西值得你放棄這種平安的體驗，以及緊隨平安而來的愛？

5 結論：從形式到無相之境

　　最後，我要以〈練習手冊〉第一百八十六課的兩段話作結，這兩段話貼切地勾勒出，聖靈如何善用人間百態（形式），帶領我們進入無相之境。我們前面討論過，要達到此境，必須不懷內疚、不帶評判地看著形式（行為），也就是《課程》所說的「與聖靈或耶穌一起觀看」。你只需這樣做：溫柔地看著自己如何追逐私利，如何為小我的思想體系代言，心裡明白「這很正常」，然後，看清小我分裂和罪咎之念是怎麼瀰漫於自己一手打造出來的世界。這樣就夠了。

　　重點是，你要仁慈地看著自己與小我的作為，不再怪罪任何一人，平靜地承認一切都是自己造作出來的，和所有人一樣神智不清罷了。再說一次，請認清自己確實神智不清，而眼前的苦境是自己一手造成的。先別忙著擔心你的決定曾對別人造成什麼傷害，只要明白它們讓現在的你多難受就行了。只因此刻的你再也不想苦下

去了，你才會有動力，不再誤用世上的一切，不再用它來強化你特殊的自我，你才可能轉向聖靈，把祂當作神聖道友，開始接受你的特殊任務，一步一步慢慢地透過具體的寬恕，邁向上主的無相之境：

> 祂的天音由真知之境溫柔地向無知之人發出呼喚。雖然祂不知道哀傷為何物，但祂仍會安慰你。雖然祂已圓滿無缺，仍會彌補你一切；雖然祂知道你已擁有一切，還會繼續給你禮物。雖然祂根本不看聖子心目中的種種需求，仍會以聖念答覆你。因愛必須給予，凡是因祂的聖名而給出之物，必會按照對世人最有益的形式出現的。

> 這些形式絕不會蒙蔽人的眼目，因為它們出自無相的本體境界。寬恕是愛在人間的表達形式，愛在天上原是不具形式的。然而，這兒需要什麼，上天就會按此地的需要而給什麼。你在世上，仍需藉此形式來完成你的任務，縱然當你回歸那無相之境時，愛對你的意義遠超乎此。世上的救恩仍然有待你這類懂得寬恕的人。這就是你在世的任務。（W-186.13~14）

從暴食症談起

1 序

　　《從暴食症談起》一書取材自我與三位奇蹟學員在 1990 年 4 月 28 日的對話記錄〔編按〕。這三位學員分別是茱蒂、貝蒂和蘇珊。蘇珊是我研習會上的老面孔，每次研習，她都提到自己對吃的執迷，尤其是巧克力聖代的癮，而我總是設法把她的問題導引到《奇蹟課程》的基本理念。蘇珊覺得我的答覆對她有很大的啓發，認爲其他學員也必然關切這個議題，故我們決定整理該次對談錄音，成爲本書付梓的緣起。

　　這場對話內容清晰地示範出，如何將《課程》的形上理念運用到諸如暴食症這類具體問題。誠然，〈心理治療──目的、過程與行業〉提醒我們：光是頭腦的理解並不足以帶來療癒之效（P-2.VI.5），但是我相信，凡是想將理論落實於自己人生課題的讀者，都會從這個對

〔編按〕請參考本書 p.17 及 p.36 之〔編按〕及〔原註〕。

談記實獲益良多，因為我們採用的方法論確實可以套用
在所有因罪咎而引發的身心問題。

　　這本小冊子基本上是現場對談的忠實記錄，為了編
輯所需，只在文字風格略作修改；需要釐清之處，我們
也加了附註。奇蹟課程基金會同時發行了原始的九十分
鐘錄音帶。

2 導　言

　　《從暴食症談起》分為兩部分，一是簡介奇蹟理念的導言，一是對話記實。倘若讀者不熟悉奇蹟理念，尤其是《課程》所談的「特殊關係」，很難不覺得此書牽強附會，甚至會以為我們在說天方夜譚。當初在探討這一主題時，我假定與會的學員和聽眾對奇蹟理念已有一定的認知，所以並未講解理論，但由於對話當中有不少說法其實是我在現場略而未談的一系列理念所推衍出來的結論，現在，為了顧及不熟悉《課程》的讀者，我們特別在此補充《課程》的形上理念，尤其是「暴食症」（形式）所涉及的形上理論──特殊性（內涵），是我所要特別強調的〔原註〕。

〔原註〕想全面了解《奇蹟課程》的形上理念，請參考以下幾本書：《談奇蹟課程》（*A Talk Given on A COURSE IN MIRACLES*）、《寬恕與耶穌》（*Forgiveness and Jesus*）、《從夢中甦醒》（*Awaken from the Dream*）、《奇蹟課程的訊息》（*The Message of A COURSE IN MIRACLES*）。（以上書名暫譯）

　　我在對話中提到兩個人，海倫・舒曼和比爾・賽佛，他們是《奇蹟課程》的筆錄者。海倫聽見耶穌對她口述這部《課程》的聲音，而比爾是海倫的同事及摯友，協助她完成為時七年的筆錄過程〔原註〕。

分裂、特殊性和暴食症的關係：內涵與形式

　　《奇蹟課程》認為，不僅我們的身心體驗是信念的產物，就連整個物質宇宙都是因著「我們已與造物本源（上主）分裂」的信念而形成的。《課程》斥之為虛妄的這一念，交織出罪（相信自己真的由上主那兒分裂出去了）、咎（自我憎恨，亦即心理層面的罪惡感）、懼（害怕自己的罪咎必將遭到上主懲罰）三部曲所構成的小我思想體系，成了我們人生噩夢的內涵。小我發明了壓抑與投射的伎倆，把夢境轉為一個充滿防禦工事的世

〔原註〕筆錄《奇蹟課程》的完整過程，可參見《暫別永福：海倫舒曼筆錄奇蹟課程的傳奇》（*Absence from Felicity: The Story of Helen Schucman and Her Scribing of A COURSE IN MIRACLES*）一書。

界，整個世界無一不是爲了抵抗自己的假想敵──上主
的義怒而生的。基於這一無明妄念，我們不能不對這一
防禦工事寄以厚望，期待它所建構的堡壘能將上主充滿
義怒的愛擋在外頭。《課程》這麼說：

> 世界是爲了攻擊上主而形成的。它是恐懼的象
> 徵。恐懼是什麼？不過是愛所缺席之處。爲
> 此，世界成了上主無法插足之地，聖子在此是
> 可能與上主分庭抗禮的。（W-pII.三.2:1~4）

世界與身體就是基於這分裂之念應運而生的，正如
《課程》反覆強調的，我們在心外所見的一切，完全是
內心世界的投影：內在和外在其實是同一回事。我們不
妨想像自己坐在電影院裡，螢幕上看起來眞實無比的故
事（至少心理感覺如此），不過是放映機投射出來的影
像。說得更清楚些，螢幕上的一切必定出自放映機內的
底片或鏡頭，而底片或鏡頭上的一切也必會鉅細靡遺
投影到螢幕上。若把這一比喻套用在生活中，我們內心
（放映機）的念頭（底片），其實就是我們在物質世界
一切經歷（猶如螢幕顯示的畫面）的始作俑者。

　　總而言之，身體的所知、所見、所作、所感、所思，不過是我們潛藏心念的化現。只要觀察自己的作為，就不難看出自己這個個體生命的內心是怎麼一回事的。但請留意，千萬別把心靈與大腦畫上等號，大腦屬於身體的一部分，與心靈無關。同理，徹底了解小我思想體系的運作方式，必會幫助我們讀懂隱藏在身體表相下面的義涵。

　　對小我而言，分裂之念是相當駭人的。我再說清楚一點，小我的夢境，也就是《課程》所說的小我虛幻世界，它處處反映出「我們非但篡奪了上主之位，還殺害了祂，偷走祂的聖愛、大能與生命」這一信念。我們相信自己已在上主自性的殘骸或廢墟上，為自己打造出另一個光榮偉大的自我，它此刻已經無所不能，因為它篡奪了造物主所有的能力。這一想要自立為王的小小自我，《課程》稱之為「小我」，終究說來，它只能狐假虎威，否則它什麼也不是。

　　換言之，小我的「生命」是由上主那兒竊取來的，因此它的存在依附於上主，卻又自認為存在於上主之外。基於「妾身不明」這一若有所缺之感，一直威脅著小我的存在，因之，它不得不重演最初在天堂的暴行，

反覆醞釀分裂之念，從生命源頭那兒繼續掠奪，以便苟延殘喘下去。從此以後，小我必須不斷向外掠奪來維繫自己的存在，《課程》將這種欲罷不能的需求稱之為「特殊性」。也就是說，我們必須不斷向外搜尋，看誰是擁有維繫我們生命特殊需求的特殊人物，就將其吞併，藉之維繫自己的存在。

　　現在回到上述的基本原理——我們心內之念，必會投射為心外之物。有鑑於此，我們便不難了解身體的本質，它不過是心念向外投射而成的具體形象。身體既由小我分裂之念及特殊需求所化現而成，它不可能不靠吞噬外界的能量而存活下去。也就是說，若不殺戮並吞食看似有生命的活物，身體必會飢渴而亡；若不吸入氧氣，身體也難逃一死。至此，我們可以明白，就連一口佳餚、一呼一吸，都成了一種象徵，象徵埋藏在你我潛意識底層的分裂之念。《課程》對此的描述相當抽象：

　　每一天，每一分鐘，每一瞬間，你不斷重溫
　　那恐怖的時間幻相取代愛的那一剎那。（T-26.
　　V.13:1）

　　可以說，只要認定自己是一具肉身，我們這一生每

分每秒都在重活那恐怖的「剎那」。了解這個形上理念，我們才會明白爲何世人對於飲食充滿了矛盾與焦慮，滋生出各種問題，甚至賦予千奇百怪的特殊意義，也就不足爲奇了。反覆重申這一點，並不是爲了讓我們吃飯或呼吸時內疚，而是要我們明白小我是怎麼造出世界和身體，以及它造出身體的眞正用意，只因身體最能幫助我們看透小我思想體系的本質。打個比方來說，我們得將相機裡的底片沖洗出來，才可能知道底片上有什麼。倘若我們連自己心內有什麼東西需要改變都一無所知，改變是不可能發生的。

《奇蹟課程》的核心觀點正是：人心有抉擇能力，我們若非選擇小我的特殊性那一套思想體系，就是選擇聖靈的寬恕體系。如同我們前頭提過的，小我的基本信念即是：我們眞的與上主分裂了。聖靈卻教我們看出：分裂非但不曾發生，而且根本不可能發生。我們依然是上主所造的聖子，而我們的憎恨與攻擊之念絲毫無法損傷上主的聖愛，也絲毫動搖不了我們身爲上主之子的本來眞相。爲此，《課程》敦促我們改變自己的心態與眼光，只要由特殊性轉向寬恕，我們看待身體的眼光就會徹底改變；只要我們願意學習放下自己的判斷，客觀地

正視身體，我們便不難看清自己投射到身體的特殊性。
這一化解過程就是《奇蹟課程》所談的寬恕，也是耶穌
透過這部課程所要傳達的重點，請我們試著向他（或聖
靈）求助，以全新眼光看待小我世界的萬事萬物，正如
《課程》所說的：

> 這是聖靈的慈悲知見下的特殊性，祂會用你
> 所造的一切來發揮療癒的功能，不再傷人。
> （T-25.VI.4:1）

小我所造的身體原是憎恨、殺戮和恐懼的工具，在
聖靈溫良的眼光下，它成了我們學習寬恕眞諦的課堂。
因此，談到飲食這個「大問題」，關鍵就在於我們究竟
邀請了小我的特殊性，還是聖靈的寬恕作爲我們解讀問
題的指標。倘若心靈選擇了小我，便連帶邀請了罪咎和
恐懼同行；若選擇聖靈，邀來的同伴則是愛與喜悅。總
而言之，眞正的選擇不在於吃或不吃，而是我們究竟選
擇了與誰同飲共食；而天堂與地獄，就在這一念的抉擇
之間：

> 你的所知所見是隨著你的抉擇而來的，……也
> 就是在幻相與眞相、痛苦與喜悅、地獄與天堂

之間的抉擇。（W-130.10:3；W-190.11:1）

　　《奇蹟課程》真正要教導我們的，僅僅是這一門功課而已。

3 對 話

　　貝蒂：我跟食物的關係只能用「需索無度」來形容，再怎麼多也不夠。我媽以前常說：「趕快吃，不然待會兒又餓了。」我一輩子都是這麼過的──不停地吃，「待會兒才不會餓」。

　　肯恩：這方法有用嗎？

　　貝蒂：沒用，我總覺得餓。

　　肯恩：那表示你得一直吃。

　　貝蒂：沒錯。我媽老是說：「我們要餵飽心愛的人。」你看，我就是被這麼養大的。我總想要吃。無論心裡浮現什麼感受或念頭，最後我都詮釋為「我需要吃點東西」。

　　肯恩：聽起來像是「如果你不吃、不付諸行動，就會大難臨頭」，這不禁讓人聯想到《課程》提到的觀念：要是我們靜下來什麼都不做，上主就會乘虛而入，

把我們毀了（W-13.2:2），所以我們得不斷把空白填滿。小我先說我們是空虛的，然後警告我們，如果任由上主填補那個空虛，我們就完蛋了。因此，我們得先下手爲強，把那個空虛填滿，而食物正是最佳選項。小我刻意將身體造成這副空虛、匱乏的德性，總是若有所缺；同時，它又在世上造出各種美好之物，供我們填補空缺，而在形形色色的美好事物中，食物恰恰獨占鰲頭。但是，無論我們選擇什麼，仍然永遠不夠，因爲當初造出整個世界體系的目的，就是爲了讓我們「永遠覺得不夠」。也就是說，這個系統會自行永續運作下去，比如說，我們吃喝拉撒，有進有出，接著，就像你聰明的媽媽所說的，繼續吃吧，免得又餓了。我們吃得愈多，愈加證明我們有多空虛、多匱乏，這讓我們更焦慮，於是我們又必須填補這個焦慮的匱乏感。如此一來，就成了永無止盡的循環。

有趣的是，在某個層次上，我們的確都一樣——必須不斷地吃，只因身體一定會餓。舉例來說，我們相信不吃就會死，小我正是如此，如果我們不繼續餵養小我的思想體系，它早晚會死。這一信念展現在身體層次就成了「吃」的需求；確實如此，若是不吃，眞的會死。

世界的運作體系就是這麼設定的。我們眼中那些飲食失調的人，不過是把這個問題「演」得誇張一點罷了，就像被診斷為精神失常或恐慌症的病人一樣，他們只是以極端的方式「演出」人人都有的毛病，如此而已。《課程》說小我神智不清，講的其實就是我們每個人都有的瘋狂心態。情況嚴重的，就關到精神病院。飲食也是同一回事，每個人都為了吃什麼吃多少操心，因為我們相信自己是身體，如果不吃，後果不堪設想。

蘇珊：嗯，這觀念真有意思，因為我老有一種揮之不去的孤獨感和渴望，尤其是修練了《課程》以後。無論我做什麼、和誰在一起、吃什麼，我總覺得孤單。只要我想找東西來填補這個孤獨空虛的感覺，在眾多選項中，食物的吸引力最大。舉例來說，住在紐約，這種情況最明顯：走在路上，路邊的廣告看板迎面而來，全部都在告訴我如何填補孤單。這兒有可口的冰淇淋，那兒有美味的巧克力，各色點心佳餚，可以說舉目皆是。想想看，那些整天待在家裡的女人怎麼可能不胖？電視每半小時就超過三十檔食物廣告，而且那些食物真的很誘人，何況在螢幕裡享用這些美食者，盡皆貴婦美女之流。就這樣，外頭總有源源不絕的食物足以撫愛我，振

奮我，填補我的空虛。像義大利麵，簡直就是母愛的化身，它暖呼呼，軟綿綿，貼心得很。

肯恩：而且還能餵飽你。

蘇珊：是的，「它能餵飽你」，例如巧克力就能給人性愛的興奮。對我來說，不管什麼事，好像都有某種食物可以匹配。所以真的什麼都不用做，只要吃就夠了。我只要把食物放入嘴裡，當下立刻覺得可怕的孤獨感已消失殆盡了。

肯恩：當然，那正是小我的目的所在。它把我們造成孤單的生命，然後提供了最佳的補救辦法。其中，食物的效果最好，因為我們的生理結構確實需要進食，否則根本活不下去。食物就是這樣「餵養」著小我的思想體系。

茱蒂：但是，那只是暫時的滿足，因為，才吃完轉頭又會找別的東西來填。就像貝蒂說的，你永遠不會得到真正的滿足。對此，我也有同感‧因為食物並不能真正餵飽我，只會帶來一時的滿足，接著我又開始尋找別的。只是，如果我不餓還照吃不誤，罪惡感就來了。我不知道自己為什麼會活成這副德性，到了這地步，就連

吃都不再是一種享受了。

　　肯恩：我想，如果你好好觀察自己「對吃的心態」，大概沒多久，就真的再也享受不了「吃」了。有些人乾脆放開來吃，直到吃出病來，自然就停了。我記得有次比爾‧賽佛講了他一個朋友的故事，這位朋友在倫敦時，給自己買了一整磅「黑魔法巧克力」，一口氣吃個精光，結果反胃一整天，把自己搞得不成人形。那也是解決食物恐慌症的方式之一，若非如此，他還會吃個不停。唯有把自己徹底搞垮了，那個模式才會暫時中止。這倒不失為一個「辦法」，效果不錯。

　　蘇珊：我覺得聖靈的效果比巧克力慢多了。倘若孤單來襲，手上又恰好有巧克力，我非常清楚只要把它放進嘴裡，馬上有什麼效果。如果呼求聖靈，我真不敢說祂會這麼靈驗。好吧，就算只是飲鴆止渴，巧克力顯然較有立竿見影之效──我好像感到，在聖靈沒來之前，我得為自己準備一條後路。你明白嗎？

　　肯恩：容我再強調一次，小我體系就是這樣設定的！因為聖靈與我們的身體毫不相干，祂在我們的心內，因此，我們若還認定自己等於身體，自然會追求生理上的滿足感。話說回來，你說的也有道理，聖靈通常

不像巧克力那麼快速有效。但是，你剛剛也說了，逞一時之快，結果只會讓你更不好受。其實，任何特殊關係都是如此——我們根本意識不到，快感之後，剩下的全是罪咎，所以你才會那麼難受。試問，難受時，你會做什麼？你必須再度以食物塞住罪咎的嘴，繼續餵養罪咎，結果，你只能不斷地吃，惡性循環下去。

貝蒂：但是，有些人並沒有陷入這個循環，他們不會暴飲暴食。我很胖，可是有些人就是吃不胖。我一直想吃，永遠都不夠似的，但有些人吃完就沒事了。在別人眼中，我是個大胖子，我吃得確實比別人多。那表示我的罪咎比別人多？是嗎？

肯恩：貝蒂，你的意思是說這不公平，對嗎？

貝蒂：沒錯。

蘇珊：這當然不公平！

肯恩：你說的沒錯，我能理解。每個人在世上各自選擇了不同的生活形式，因此，特殊關係所引發的問題並非只有一種樣態。你羨慕那些苗條的、飲食適量的人，很可能正在為別的事情感到內疚呢！也許是不可告人的秘密，或難以啟齒的羞愧。他們大有可能會嫉妒

你，因為你沒有他們那種神經質或某種特殊問題。總之，食物、暴食症並非特殊性的唯一形式。

平心而論，誰都得吃，這是我們共通的問題。然而，正因為每個人的作風不同，並非每個人都會飲食過度。至於為什麼你這麼做，而他那樣做，這就說來話長了，而且不會有標準答案的。說穿了，小我永遠認為別人的情況比我好，我的問題一定比別人嚴重，就像你先前開玩笑說的：「如果你知道我被怎樣的虐待，你就會了解我為何暴飲暴食。」每個人都有這種感覺——我的情況比別人糟多了！我們常會荒謬地與別人比較，誰被害得最慘，這也是凸顯自己與眾不同的方式。更荒謬的是，跟別人比較之餘，如果不能比別人好，至少也得證明比別人糟。

因此，也許暴食症的一大魅力即在於此：讓當事人活得很慘，成為世上最可憐的受害者；在那底下，我只想證明自己真的被虐待了，而證明的方式就是讓每個人都看得見我的問題，例如過胖，無論是體型過胖，還是心理上自以為過胖，本質都一樣。我愈是超重，愈和食物糾纏不清，就愈能指控別人虐待我。比方說，我的父母太差勁，他們沒有給我應得的愛，以及所需的溫暖和

滋養。所以，我每拿一片巧克力，就等於在他們的十字架再釘上一根釘子，告訴他們：「都是你們害我的！」

蘇珊：你所講的，我以前聽過，也就是在每個充滿罪咎的行為背後，都有一個你想要指控的人，對吧？那麼，我既以肥胖的形式表露我的罪咎，肥胖背後其實正指向我想要指控的那個人。

肯恩：是的。

蘇珊：找出那個人究竟是誰，並不重要，對嗎？

肯恩：你不必知道是誰。你只需知道，你每吃一口香甜的巧克力聖代，你其實是想要把某人釘上十字架。所以，你對香濃美味、滑順馥郁的巧克力的癮頭，象徵著你對釘上十字架的那人的怨恨。這才是背後的真相〔原註〕。

蘇珊：你是說，我多想從什麼食物中獲得快感，就表示我多想懲罰那個人？

肯恩：可以這麼說。

〔原註〕讀者可以回顧《從暴食症談起》第二章導言裡談「吃」的形上意義之段落。

蘇珊：聽起來很有道理，我多麼想從食物中獲取多大的快樂，就表示我有多想懲罰那個「罪人」。

肯恩：就是這個吸引力、這個快感在背後作祟。

蘇珊：那麼，也許我應該感恩這個毛病，若不是我對食物的著迷，我還不知道自己多麼需要寬恕自己對那人的怨恨呢！你要說的，是這個嗎？

肯恩：沒錯，這就是為何節食計畫解決不了問題，因為問題不在於你吃進的卡路里，問題在於你心中的謀害之念，這一可怕內涵正隱藏在巧克力聖代的形式裡頭。為此，就算你放棄巧克力聖代或不再續杯，那個念頭始終在那兒，它一定會設法尋找其他出口的。

這就是為何節食計畫根本不可能奏效，你節食，即使減了三十或四十磅，但那些謀害之念依然在心中作祟。總有一天，你壓不下這個衝動，又非得把那人釘上十字架不可，於是，你又開始狂吃了。

貝蒂：如果我真的敢去面對那些謀害之念，或許停止暴飲暴食也不失為一個辦法，讓我更深入、更直接地面對那個根本問題。

　　肯恩：沒有錯。控制飲食沒什麼不對，只是你必須認清，那不過是切入問題的一個起點。或者說，節制飲食是件好事，但如果你的心態不作任何改變，不會有任何效果的。即使哪一天真的變得苗條了，但你必會成天幻想著食物，於是，無論是餐桌上的食物，還是街上的美食，無時無刻不誘惑著你，隱含在「想吃」裡頭的謀害之念並沒有改變。並不是食物或冰淇淋聖代在誘惑你，而是那個謀害之念。誠如你說的，我同意規範飲食對你可能有所幫助，但如果你僅僅在食物上頭下功夫，很可能白忙一場。

　　貝蒂：我是說，透過節食，真正的問題便有機會浮現，然後我可以面對它，開始作寬恕的功課，也就是「我老想怪罪別人」的這個問題。

　　肯恩：是的，寬恕你的父母小時候沒能給你足夠的愛，或你想要責怪的任何人。

　　蘇珊：我可不吃這一套，我不同意你剛剛的論點。我一直這樣挑戰《奇蹟課程》：「如果它真的有效，我根本什麼都不用做，就能跟它連上線才對。」你可以看得出來，我非常抗拒節食。要是聽到誰說：「只要你節

食，當個乖女孩，管好自己（在我聽來，這人其實在說我連自己都管不好），照著大家教你的好好做，把身材變好，你就會找出那些感受，就會知道你其實想謀害的是誰。」這種說法常令我抓狂，這一來，不就等於用行為論斷我的好壞嗎？我很不喜歡這種說法。

肯恩：我想你們兩位說的都對，確實沒有一成不變的定法可循。強調節食的好處，這一招對某些人可能管用（卻可能將人引導到另一種極端），卻未必適用於每一個人。對你而言，剛好適得其反，激起你強烈的反彈與抵制，讓你吃的更多，好似向上主挑釁。總歸一句，沒有哪個方式一定對或一定錯，但有一點是放諸四海皆準的──我們必須改變這些隱藏在行為背後的信念。每個人的目標不同，故方法也不同，對某些人來說，節食真的有效，就像貝蒂剛剛說的。但這一招，對蘇珊根本行不通。

蘇珊：當我想減肥時，我好似把節食這檔事奉若神明，就像我平常把巧克力聖代視為救恩一樣。減肥和巧克力聖代都成了我的救贖，無論我此刻吃或不吃巧克力聖代，心裡終究在吃，那我內心豈不成了「戰場」？我那聰明的小我，總有法子讓我內心交戰不已，無論做什

麼都不對，減肥不對，不減肥也不對。吃了巧克力聖
代，我會氣我自己；不吃，我依然氣自己。這就是我給
自己搞出來永遠贏不了的戰役。修練了《課程》之後更
糟，就連減肥都不對了。以前減肥，只要瘦個幾磅，至
少我會覺得自己做對了什麼。現在我知道，那種成功減
重也毫無意義。我就這麼把自己困住了，進退不得。

　　肯恩：好的，我再說一次，無論採取什麼途徑，你
真正需要做的是看清「吃」對你的意義是什麼。你不見
得要找出誰被你釘上十字架，光是認清問題不在食物本
身，食物不過是你想害人的一種手法而已，如此就很有
用了。

　　貝蒂：很久以前你說過一句話，大概是：「如果你
吃東西的時候，心裡沒有內疚，你就會瘦。」

　　肯恩：這話聽起來不錯。

　　貝蒂：這話說得太好了。所以，我決定放開來吃，
管它有沒有內疚。

　　肯恩：我可不是這個意思。

　　貝蒂：嗯，正因為我不太明白你的意思，我想，總

得試試才知道該怎麼做。你每回見到我都說「哇，你瘦了」，其實我知道，磅秤的數字還在向上攀升。我吃了又吃，試著不帶內疚。其實，我根本不知道自己在幹什麼。所以，我繼續胖下去。

肯恩：這麼說，你就可以怪我了。

貝蒂：不怪你怪誰？你太好了，教我放心去吃，還建議我邀請聖靈一起吃。現在我開始節制飲食，而且不吃巧克力聖代了，因為我實在不曉得怎麼吃巧克力聖代而不帶內疚。但是，我慢慢學會吃其他美食不帶內疚，而且學會邀請聖靈了。這是有生以來第一次，我吃了之後心情挺好的，給我一種滿足感，但是，七小時之後我又得吃了。

肯恩：如此一來，你練習的機會可多了。我想，上述方法之所以管用，是因為它刺到了我們每個人共通的問題，也就是最關鍵的分裂問題，以及背後它必然衍生出來「被剝奪和永遠匱乏之感」。食物不過是我們用以彌補匱乏感的方式之一，真正的問題是，我們認定自己真的已從上主生命分裂出去了，這一分裂之念呈現於現實生活，就是我們無時無刻不把聖靈和耶穌推開。我們

必會為此內疚的，而這一內疚逼得我們不得不往外去找別人的錯處，向「有罪之人」痛下殺手，投射就是這麼一回事。你剛剛說了，就連一口佳餚美饌，都成了你想釘死某人的象徵。

這一切全出自內心的匱乏感，因為我們早已與上主的愛一刀兩斷。倘若吃東西時能懷著上主的聖愛，你就已觸及問題的核心了。你對聖愛的感受愈深，與聖靈或耶穌的距離愈近，就表示你已開始化解問題的成因了。吃的需求，究竟來說，不是只想要釘死某個人而已，而是一心想要釘死上主。當你深深體會到上主的臨在，吃的目的就改變了。藉此事件，你清楚地意識到自己的內心交戰得多麼慘烈，這才是最重要的。

貝蒂：我還沒學會怎麼毫無內疚地吃巧克力……

肯恩：沒關係，如果你能吃牛肉三明治、馬鈴薯泥、一碗玉米脆片或一杯咖啡而不起內疚之念的話，就不錯了。

蘇珊：我的方法是：當我開始吃那些害我變胖的垃圾食物時，就邀請聖靈與我同在，那樣子，我心裡好受多了。我的意思是，我與食物的關係開始轉化，只要我

記得邀請聖靈，吃的心態就改變了。但我仍然繼續胖下去，我那時天天周旋於種種食物之中，首先是巧克力，還有各式各樣的鬆餅，等我吃夠了，那種非吃不可的渴望就消失了，而且我明白聖靈並不要我為此感到內疚。然而，身體還是得承受後果。才四個月，我就胖了十磅。我當然很生氣。我要問的是，到底出了什麼差錯？為什麼體重還是增加了？

肯恩：關鍵在於你忘了整個練習的目的。它的目的不在於減肥，而是讓你更接納自己，不再內疚。是小我在陷害你的，而它一向如此，它絕不會讓你無罪無咎地活在愛中。如果它沒法子征服你，就會跟你宣戰。要看清楚，你吃鬆餅和巧克力時，不只是聖靈受邀前來，小我也一起來了。一方面，聖靈會讓你不再那麼有罪惡感，因為你確實感受到愛的臨在，它好似告訴你「沒事的，你沒有罪」，但小我絕不善罷甘休：「什麼意思？你無罪？你當然有罪。你若覺得無罪，那才是罪孽深重。你違反了我定的戒律，別忘了，你吃巧克力聖代和鬆餅時，非內疚不可！」你一聽到這話就崩潰了：「天啊！我又吃了巧克力聖代和鬆餅，我怎麼可能不內疚！」結果，你真的內疚了。你不是真正在為那新增加

的十磅煩惱，那是障眼法，它要給你一個內疚的理由，順便向你證明，就算與聖靈同飲共食也沒用。說到究竟，這方法之所以不靈，是因為你別有居心——想藉著與聖靈一起吃喝來減肥，體重若沒有減輕，就可以把帳算在祂頭上。

蘇珊：是這樣沒錯。

肯恩：體重增減原不是問題之所在。你想與聖靈同飲共食而減少內疚，這一點至少生效了，因此小我立即跳了進來，故意混淆形式與內涵。你真正要的內涵是無罪無咎，而體重的增減不過是一種形式表相。問題在於你忘卻了原本的目標。《課程》要你先設定目標，如此，你才可能把你的處境視為達成真正目標的助緣或動力（T-17.VI.2~4）。如果你的目標是活得無罪無咎，心安理得，那麼無論是吃巧克力聖代還是鬆餅，都能幫你完成這一目標，而且毫不費力。但如果你的目標是減重，就給了小我見縫插針的機會，它會告訴你，你已一敗塗地。

蘇珊：我很怕掉入神的圈套：「你若邀請聖靈，我就愛你，關心你。」你看，我聽話照做了，卻愈來愈

胖，愈來愈胖。好像只有這樣，我才會得到上主之愛，肥胖對我等於死路一條。我這一生的戲碼就是為了證實：要是我信賴上主，最後必會落到這個下場。

肯恩：你之所以會編這套人生劇本，只因你內有一部分想要證明《課程》沒用、這些觀念不管用、耶穌不管用，就連上主也不管用。這才是你需要扭轉的念頭。你回頭享用甜食時，不妨繼續邀請耶穌或聖靈與你同在，等你感覺好一點再對自己說：「這就是我要的，我只要覺得好受一點就夠了。早上要照鏡子時，我不想再擔憂磅秤的數字，因為我知道上主的愛就在我內，而我是無罪的，我沒做錯什麼。」如果你能時時牢記這一目標，你的體重也會隨之下降的。因為你體重上升的目的是為了指控上主是個騙子。我認為你目前所做的並無大錯，只不過是忘卻了原本的目標而已。但請切記，小我會不停地提醒你，減肥才是你真正的目標。

蘇珊：那麼，如果我覺得自己可能達不到上述的心境，以至於又回到一套比較合理的節食計畫，卻又做得心不甘情不願，這時，我是否應該邀請聖靈參與我的節食計畫？

　　肯恩：是的，這正是我要說的。你可以邀請聖靈加入你合理的節食計畫。

　　蘇珊：那是因為我現在還沒辦法用另一種眼光看待自己超重的問題嗎？

　　肯恩：沒有錯，不過也沒什麼關係。你慢慢會明白，無論你採用巧克力聖代節食法，還是「更合理」的節食計畫，聖靈都會與你同在。大吃大喝也罷，不吃不喝也罷，聖靈都愛你。祂根本不在乎你的胖瘦，這才是你必須學習的人生課題。

　　貝蒂：只要我把目標放在身體，無論我變得多苗條，如果動機仍是出自罪咎，即使我天天只吃沙拉，到頭來也不管用。

　　肯恩：的確如此，不會有用的。即使管用，也只是一時之效。正如你前頭說的，只要明白你的下手處是改變心靈，你的目標是活得心安理得、毫不內疚，這樣就可以了。上主的救恩與聖愛，跟我們究竟減了二三四十磅，還是重了二三四十磅，一點關係也沒有，根本不干體重的事。我要再強調一次，無論吃或不吃巧克力聖代，上主依舊愛你如故。這才是你必須學的功課。

　　貝蒂：我還有一個問題，是行為層次的。我們前面談過，上癮不僅是特殊關係的一種形式，更是天人分裂最具體的顯現。因此，每當我耽溺於食物時，就表示我與弟兄也是分裂的。是這樣嗎？

　　肯恩：這正是暴食的目的。請記得，暴飲暴食的目的，就是要強化我們內心的匱乏感與孤絕感。當你縱情飲食時，你不僅與上主分裂了，你也與父母分裂了，因為你已經把問題歸咎到他們身上。不僅如此，你和所有人都分裂了，因為你大吃大喝的時候，根本不想和別人在一起，你會覺得自己很胖、更不想見人……。這一切不過想要證明「我沒錯，是上主的錯」，也再次證明了分裂、醜陋、肥胖是自己的宿命──我無藥可救，回天乏術了。簡而言之，這種吃法只是你想要保持分裂的一種伎倆罷了。

　　茱蒂：但是，吃，不也是一種與人結合的方式？當我與人共進餐飲，我會感到一種親密的連結，我非常期待聚餐的機會。

　　肯恩：在那種氛圍中，你大概不會暴飲暴食吧？和某人吃飯，如果你真的想要表達愛，與他結合，那麼你

已開始從「因」處化解了，這和邀請聖靈進食是一樣的。《課程》也說過，當你真正與人結合時，你已邀請聖靈進來了（T-17.V.2~3）。所以，倘若你進食的目的是為了與人結合，自然不用擔心過量的問題，因為目的已經改變了。

蘇珊：這麼說來，與人共餐時若邀請聖靈參與，就等於已經開始化解原本與人分裂的目的，這時，聖靈自會帶領我們與弟兄真正會晤，對嗎？

肯恩：是的，不只會帶領你到弟兄那裡，在你邀請祂的那一刻，你已經與弟兄同在了。這是同時發生的。

蘇珊：那麼，飢餓又是怎麼一回事？飢餓對每個人都有重大的象徵意義，只不過我不太信任它。有些人說，餓了就吃，不餓就別吃。我指的是生理上感到的餓，我認為那也可能是小我的伎倆。究竟飢餓是怎麼回事？

肯恩：嗯，說到究竟，飢餓其實是對上主的飢渴。飢餓聽起來像是生理需求，或者說嚮往、渴望還更貼切一點。我們每個人都渴望（或嚮往）上主，知道自己彷彿缺了什麼 —— 每個人內心深處都有一種「若有所

失」之感。〈練習手冊〉第一百八十二課：「我願安靜片刻，回歸家園。」一開始就把這種異鄉人的感覺形容得淋漓盡致，我們每一個人都覺得這個世界不是自己的家。無論是誰，全都一樣。

這一課寫得很美，它還說：「每一個人都知道我們說的是什麼。」這個世界並不是我們的家，我們不屬於這裡，因此某種失落之感始終揮之不去。這一課也提到，我們一貫的反應是想法子把這些感受壓下去，老是設法與人建立特殊關係。我們讓自己忙得停不下來，忙著美化身體，裝飾家園，讓地球更美好，讓我們的棲身之所更美更好。然而，這一切努力只是徒勞。我們每個人心中都有這種渴望和嚮往，小我的一貫伎倆就是把心靈的渴望和嚮往轉移到身體；至此，我們不難明白為何身體被造成這副德性，它不可能不飢餓的。為了針對你的具體問題，我們最好暫且擱置身體每天都會經驗到的飢餓感，它和睡眠需求一樣的正常，這些限制屬於小我運作體系的一部分，基本上算是「正常」的。我們此刻所討論的，偏向不正常的反應，例如即使一小時前才剛吃過，身體根本不需要食物，飢餓感卻仍然排山倒海襲來；有些人一天得睡上十四或十五個小時，即使身體根

本不需要休息也照睡不誤。這是我們要談的重點：反常的飢餓和需求。

　　只要我們覺得自己是個無家可歸的棄兒，小我一定會把這種焦慮和匱乏之感轉移到身體，這麼一來，我們就不能不去處理飢餓或其他生理感受了。《課程》曾解釋過，身體根本沒有感覺，感受到飢餓的並非身體，感受到性欲或痛苦的也不是身體，只是心靈將它根深柢固的匱乏感轉移到身體罷了（T-19.IV.三.5:2~4；T-28.VI.1~2）。這種移花接木的障眼法相當有效，因為我們不能不滿足身體的需求。不管它需要什麼，都會讓我們忙得團團轉，但怎麼都無法滿足它，因為那根本滿足不了埋藏在我們心底的渴望。小我這一套體系確實設計得「天衣無縫」，因它構成了永續不止的循環。貝蒂妳剛剛也說了，永遠不夠的，我想要更多，更多。小我就這樣不斷驅使我們去照料這具身體、關注這個世界、忙著提供身體所需，再也顧不到心內眞正的需要了。我再說一次，如果能試著邀請耶穌或聖靈前來與我同飲共食，無論我吃得節制還是放縱，都已經開始化解小我的思想體系了。

　　蘇珊：所以，怎麼吃，眞的不重要。

　　肯恩：你決定怎麼做一點都不重要，這是你愈陷愈深的原因，你看出來了嗎？你一直如此挑戰耶穌，他應允你的明明是內心的平安、愛、喜悅和溫良，你卻說「我不要這些，我只想要一副苗條的身材」，條件全是你開的，就像我說過的，海倫向上主開條件，還不許祂討價還價〔原註〕，你也一樣在向耶穌宣告：「我非瘦個二十磅不可，不准跟我討價還價！」

　　蘇珊：沒錯。

　　貝蒂：而且，如果你愛我，就該滿全我的願望！

　　蘇珊：是啊，你該成全我才對！

　　肯恩：的確沒錯。然而，於此同時，你下意識早已決定，絕不失去這二十磅，因為選擇要胖二十磅的那個人是你，不是耶穌。你故意忘了自己的決定，然後歸咎於他。這整套邏輯簡直天衣無縫。《課程》也說了，小我思想體系是毫無疏漏的，就算它在上主前根本站不住腳（T-5.VI.10），但它的確擅長自圓其說。你給了自己足夠的理由放棄耶穌、放棄《課程》、放棄節食、放棄

〔原註〕《暫別永福》第二版 pp.76~77。

一切，然後你覺得自己糟透了，索性吃得更多。此時此刻，你的首要之務，不過是明白這整件事都是一個你為自己設好的局，故意讓它註定失敗。《課程》也說，小我的座右銘是「去找，但不要找到」（T-12.IV.1:4）。這不正是你所做的？你依他所言邀請他進來，但你只做了一半，徒具邀請的形式，卻有名無實。

蘇珊：所以，我只是虛晃一招。沒錯，我並沒有貫徹到底，只有在吃某些食物或在某個情境下，我才肯邀請聖靈進來。你的意思是，要在每一件事上都邀請聖靈加入，絕無例外？

肯恩：是的，無論你在啃紅蘿蔔，還是大啖巧克力聖代，都邀請祂來。

蘇珊：無論體重是增是減，我都邀請祂加入。要是我站上磅秤，看到又重了十磅，仍然邀請祂加入，因為我想要一點陪伴，只要這個陪伴不會讓體重上升就好！

肯恩：我們前次談巧克力聖代時說過，整件事的重點在於，你若與聖靈或耶穌一起吃巧克力聖代，你是不

會有內疚的〔原註〕。這一招好似對你生效了，直到小我跳進來大肆抨擊：「還說有效？今晚我明明胖了四磅！」它就是故意不提你今晚也減去了四磅的罪咎。你真正要學的是，你是無罪無咎的聖子，無論你自以為對上主或耶穌做了什麼好事，祂們對你的愛並不會因此稍減半分。這才是你真正要學的人生功課。小我聽了，一定大驚失色，它會忙不迭地插嘴：「不不不，我才不想學這個，我只想苗條一點！」

茱蒂：你是說，蘇珊的目標其實一直在變。她想要確保成果，也就是降低磅秤上的數字，其實真正的目標是與上主同在，站在聖靈這邊，加深與上主的關係。但我了解這很難貫徹始終，我們無法堅持且穩定地留在上主和聖靈身邊。

肯恩：這是因為我們確實害怕那個目標，但《課程》三番兩次鼓勵你，你只需將眼光和心力定著在那個目標上（T-17.VI；T-20.VII），你的目標是活得無罪無

〔原註〕〈教師指南〉的結尾（M-29.3:3）再次重申了如何請教聖靈尋找終結罪咎之道：我們只要選擇與上主的愛重新結合，不再處心積慮將祂推開，就能修正我們在無始之始所犯的錯誤，如此，愛自然會取代原有的恐懼。

咎、心安理得，活在愛與平安中。茱蒂談到的「無法穩定」，其實就是因為我們開始害怕這個目標，因為對小我而言，活得無罪無咎，那才是罪大惡極。這正是問題所在。當我們失敗時，我們不會說「喔，因為我害怕活得心安理得，才會失敗的」，相反的，我們都異口同聲說，都是因為耶穌不幫忙才搞砸的，或者怪耶穌騙人、《課程》胡說八道。

蘇珊：要不然，就是說《課程》根本不管用。

貝蒂：而且，除非每個人都致力於這一目標，否則沒有人能真正得救，我很難接受這個觀念。我偶爾還能放下一些罪惡感，但這也無濟於事，對吧？我其實並不在乎體重增加，也不在意衣服尺寸愈買愈大，但是，聖子奧體的其他份子盯著我瞧、覺得噁心，這才是真正受不了的事。

肯恩：因為你耽擱了他們的救贖？

貝蒂：不是，因為他們也活在罪咎中，所以才認為我太胖。

肯恩：沒錯，他們要是無情地抨擊你，是因為他們不想變得和你一樣胖。

貝蒂：所以，我很難在人前泰然自若，我覺得他們會嫌我胖而不願接近我。

肯恩：但如果他們真的是奇蹟學員（這是他們的事，不是你的責任），自會明白，因為貝蒂太胖而生氣或煩惱，那是他們自己的問題。所以他們應該感謝你，因為你不過是他們將內心所怕的肥胖投射出去的一塊投射板而已。

貝蒂：可是，我會因他們而感到孤單，因為我和他們之間有了隔閡。

肯恩：無需如此，你的心裡無需為此與他們分裂。你知道自己可以將這些人視為弟兄姊妹。他們的罪咎感可能會以別的形式顯現，而你則顯現為過重或過胖，如此而已。但你們仍然是弟兄姊妹，因為你們擁有同一個小我思想體系，對上主又有同樣的嚮往，所以〈練習手冊〉的每日練習才這麼有用。

我們都渴望回歸天鄉，只是不曉得該如何回去，因我們連家鄉在哪都茫然不知。事實上，我們感受到的是，那天鄉早已失落，徒留我們流浪人間，無家可歸。那種感覺，就像落難於小小救生筏中，孤伶伶地漂流在

汪洋大海上。你明知這不是你的家，又不知眞正的家在何處，完全無計可施，只能在這小得可憐的救生筏裡苟延殘喘，漂蕩於一望無際的海上。要是你明白，每個人其實都坐困於自己的小小救生筏，唯一的出路就是與其他小筏聯手並行，那麼，你們便能一同回歸家園了。

小我永遠都會讓你覺得格格不入，不管是因爲我過重而別人沒這個問題，我就把自己與弟兄姊妹隔開了；或者因爲弟兄姊妹看不順眼我過胖，我又把自己和他們隔開了。這全是小我看人看事的眼光。然而，我們也可以用另一種眼光去看：所有的人都活在煩惱與迷失中，各以自己的方式表現得與眾不同而已。如果你能這樣看，你就不會把自己的過重視爲阻礙，或充當你與弟兄分裂的藉口。反之，它成了最好的教學工具，幫助你明白，無論你把自己的身體搞成什麼模樣，都不足造成你與他人的隔閡；無論你吞下了什麼食物，也不會讓你與弟兄或上主分開。過去你一直藉此理由把人推開，但不見得非如此不可。

茱蒂：你知道，這正是《課程》深得我心的一課。昨天，我們三個聊到我們共同的理想與方式，我說，我是屬於「志在爲理想獻身」那一類人。我總覺得和世間

所有人都格格不入，我試著加入團體，投入各式各樣的活動，心裡老感覺，別人一定有些東西是我所沒有的。等我加入了新的朋友圈子，或發起某些運動之後，又會發現那根本不是我想要的，我還是感到空虛。後來我讀到了這一課練習「我願安靜片刻，回歸家園」，它告訴我，這兒不是我的家，沒有人能在這個世界找到歸屬。於是我安心多了，知道我什麼都不用再找，只需向心內去求。從此我和上主建立較深的關係。雖然我無法持之以恆，至少，我知道那才是真正的目標，那才是我要的真相。我們昨天光談這個就聊了很久。無論人權運動或婦女運動、繼續進修、攻讀學位等等的，我走完了全程，一個都不缺，我不能不去做，因為這些都是我為自己設定的目標，但走完這一遭，我又落回當初的起點。

肯恩：而你仍然感到飢餓。

茱蒂：沒錯，我還是餓。所以我開始狂吃巧克力。

貝蒂：不然就要挨餓。我們在這兒討論暴食症，相反的，有人卻存心餓死自己，因為怕胖，寧願餓著肚子。他們拒絕任何滋養，也不要愛。

肯恩：看見了沒？不論是厭食還是暴食，最後都落

入小我的魔掌。究竟來說，人類的吃其實是生命併吞生
命的象徵，小我就是為此而造出世界和身體的：我感到
缺了某些東西，而我所需要的都在外邊，它可以填補我
內的空缺，這就是我們進食的原因。可以說，我們無時
無刻不在吞併其他生命。在心理層面上，透過人際關係
吞併另一個生命，而進食正是這血淋淋的象徵。就生物
基礎而言，無論外頭有什麼，我們必須殺死它才能吃下
去。換句話說，為了讓這具身體存活，無論是人類還是
其他生物，先殺再吃，不管你殺的是青菜蘿蔔或雞鴨魚
肉，都是同一回事。

殺戮與吞併不過是重溫我們的記憶中與上主的關
係〔原註〕。要不是踩著上主的屍骸，小我怎麼可能存
在？所以，我們不能不宰了祂，吞了祂，即使是聖體聖
事，也莫不如此。天主教彌撒總要領聖體，藉著領受象
徵性的耶穌聖體，將他的聖潔、愛與生命化為自己的，
這是耶穌必須付出的代價。他為我們犧牲，殺戮是免
不了的，道理即在於此。〈教師指南〉也提到世間的法
則——「你若不痛下殺手就得坐以待斃」（M-17.7:11），

〔原註〕請參見《從暴食症談起》第二章導言對《課程》理論的說明。

這正是小我世界的寫照。進食的需求等於重溫這一記憶。容我再強調一次，真的沒什麼好驚訝的，說到食物，幾乎所有人的小我都有功課要做。罪惡感並非源自我們吃了某個活物，而是因為我們相信自己「吞滅了上主」——這當然是一種比喻而已，因為在一切之始，身體根本不存在。小我早已告訴我們，我們殺害了上主，盜取了祂的一切，還將自己的國度建立在祂的屍骨上頭。

進而言之，人心有兩種應對罪咎的模式，一是往罪咎裡鑽，我愈是內疚，我就得去做更多的事，忙著壓制所有的痛苦，結果讓我更加內疚。另一種模式，如厭食症者，因為怕腰圍增加一吋，或怕體重多出一磅而不敢多吃，必會落入所謂的「反向作用」（reaction formation），也就是反其道而行，他們把吞併之「罪」給當真了，急於表態「我不做這種事，我會讓你、讓世人和上主明白，我無罪，瞧瞧我這麼瘦，你們就知道了。我萬一變胖了，那不就活生生地證明了我就是吞食生命之人，是天堂的竊賊。為此，只要我保持身材苗條，就連上主也沒法子指責我了，祂應該去找那些胖子的麻煩。所以，我只要不吃，保持苗條，我就能免受上

主的義怒，向祂證明我不是有罪的那一群。」在心理上，這種人和那些渾身是肉的人一樣「胖」，都同樣的自覺有罪，過重或肥胖其實都是罪咎的象徵。因此，想要變瘦的人，根本是想要表示自己清白無罪，或幻想自己清白無罪，它是藉外在的胖瘦做指標，難怪一點都不管用。

蘇珊：所以，說穿了，我們要瘦的原因，就是要守住自己無罪的幻相──我沒幹那事，都是別人幹的。

肯恩：是的，過重成了一種象徵：我吞併了另一生命，我向外盜取了某物，存到自己體內。

蘇珊：真有意思，這讓我想起你前頭提過的，為什麼大家要攻擊胖子？為何社會認為肥胖是件壞事？你先前也說，人們攻擊胖子，是因為不想在自己身上看到這一現象。跟你現在說的是同一回事吧？

肯恩：基本上，兩者確實前後呼應。小我思想體系的核心就是吞併──我們吞併了上主。《奇蹟課程》談到特殊關係時，雖然沒有用「吞併」的字眼，其實就是在說這個。第十六章也有兩段描述我們是如何與真相搏鬥的（T-16.V.10~11），我們相信自己真從上主及別人身

上盜取了生命，這正是小我思想體系的核心，也是罪咎之所在。所以吞併其他生命成了我們的罪咎之源，它必會表現於「形式」上（亦即身體）。也因此，我們才會造出一具必須吞噬別的生命才能存活的身體，還會鄙視那些茹毛飲血、生吃人肉的原始人。其實，我們都在做同樣的事，差別只在於你吃的是人、是動物或植物而已。我們都在幹同樣的事，罪咎就是這麼來的。

　　小我要存活，唯一的方式就是繼續從上主那裡行竊。小我這一念，透過身體具體呈現於人間。小我的身體想要存活，唯一的方式不外繼續向其他身體行竊，這就是進食背後的含意，要是我過胖，就成了我是罪人的明證。換言之，我們無論是一百磅、兩百磅還是五百磅，都會感到內疚，因為我知道自己從上主那裡行竊，同時，如果我很苗條，就比較容易產生「我無罪」的幻相。於是，當兩百五十磅的你出現在我面前時，等於提醒我：「天啊，看看，那就是證明，我真的盜取了上主的生命。」我開始厭惡你。我心內有一部分急於擺脫這個罪名，看到你才是上主第一個要懲罰之人，難免幸災樂禍；但在內心深處，我知道你已在上主面前抖出我的罪狀，總有一天，上主會找上門來的。

　　我想，美國人當年之所以那麼唾棄尼克森，正是因為他被逮個正著。他最大的錯誤不在於錄音帶或非法竊聽，我們每個人其實多少都會佔點便宜、扯點小謊，但是他被逮到，而且鐵證如山，以至於不得不丟掉總統寶座，情況才會如此嚴重。我們為什麼討厭他？首先，我們在他身上看見了罪，更嚴重的是，他向我們抖出了「罪」是存在的。基於同一理由，我們痛恨強暴犯、罪犯、騙子、內線交易、販賣垃圾債券的金融鉅子，因為他們為我們每個人演出了人性醜陋的一面，那可是我們花了好大力氣想要隱藏的真相。想想看，我努力減重，保持身材苗條，好不容易顯出純潔無罪的一面，結果你這傢夥大剌剌出現在我眼前，整個人快把衣服給撐爆，還箍出一圈圈的肥肉，天啊，我在你身上看到了自己，為此，我恨死你了。

　　蘇珊：那麼，請你說說，為何美國社會裡女人愈來愈苗條？女權運動圈子普遍認為都是設計師害的，因為他們貪得無饜，只想為他們的作品找到漂亮的衣架子。但這只是表面的理由，真正的情況究竟是什麼？看看今年的頂尖時尚，你就會發現，要穿上設計師本年度的最新作品，你得比去年瘦很多才穿得進去。

　　肯恩：一樣換湯不換藥的模式——想要凸顯自己純潔無罪而已。瘦，成了當今美國社會重視的價值。以前並不是這樣的，有些文明或有些年代更是強調「君子不重則不威」，看看魯本斯畫筆下的女人，體態多麼豐腴，當時他們在胖女人身上看出一種美感。

　　茱蒂：到了經濟大蕭條的年代，體態豐腴成了富足的象徵。

　　肯恩：胖瘦其實是相對的，看清這一點至為關鍵，《課程》的重點正是在教我們怎麼看（T-21.V.1；T-22.III.3~8）。無論外在形式多麼不同，但內涵始終如一。內涵就在於，我用哪個形式證明我純潔無罪、證明我是個好人。當今美國社會最偏愛的形式就是「瘦」，瘦的魅力、需求、價值和執迷，無一不是為了表明「我是純潔無罪的」。

　　蘇珊：這麼說來，我們要求女性愈來愈瘦，表示我們美國社會愈來愈內疚，罪咎也愈積愈深了。可以這麼說嗎？

　　肯恩：「美國社會愈來愈內疚」，這種說法恐怕太武斷了，未必如此，只是形式有所改變而已——改用

了「瘦」來證實自己純潔無罪的一面。在大蕭條年代，證實純潔無罪的象徵是「重」，因為瘦子一副窮酸樣，簡直是上天的懲罰，所以我得胖一點、看起來健康一點，證明神依然是愛我的。胖一點，證明我有錢，神並未懲罰我，不像祂當年對約伯那樣毫不留情。

約伯的故事呈現了一個典型的小我之神，那並不是真神，那種神會奪走你擁有之物；祂先給你一切，再從你那裡全部索回。好比說，如果我所有的財富在 1929 年蕭條期賠光了，就證明我是失敗的，不管我從神那裡偷來什麼，天網恢恢，最後還是被逮到了，祂知道我偷來的贓物藏在哪兒，一下子悉數索回，如此一來，我什麼也沒了。這個瘦巴巴的我，恰好證明了我是遭到天譴的罪人。反之，在那個年代，胖一點，即可證明神並沒有懲罰我，祂要罰的是別人。胖一點，代表了我的餘裕，也就是我並沒有賠錢，表示神並沒有從我這裡搶回什麼，因為我當年並沒有偷取祂的寶貝，我就這樣洗脫了所有的罪名。如今，形式雖有不同，但骨子裡全是一樣的。

蘇珊：我們的所作所為是否是聽從這一思想體系的必然結果？我是說，倘若今年你相當苗條，那你一定

比較不內疚，於是，明年你或許還想更瘦一點。對於食物，我們從不滿意；對自己的身體，我們也從未滿意過。永遠不夠瘦，永遠不夠性感，所以整形、美容這些行業才有機會大行其道。

肯恩：是的，我們的身體永遠不會完美。無論男女，每個人都想擁有完美的身體，至於怎樣才算完美，全憑自己界定。有一陣子，瘦才是完美，另一陣子，胖才是完美。身體必須完美，因為我根本想要否定身體的真相。身體象徵著我曾向上主行竊，象徵著我是這世間最大的罪人。為此，身體註定不完美，因為它一直處在「成住壞空」的過程；身體註定不完美，因為它出自一不完美之念。我竭盡全力想抹滅這不完美之念，因為所有的痛苦、悲慘和內疚無不出自於此。於是，我說：「看看，我多麼完美。我終於把身體調整到它該有的樣子了，完美的尺寸、寬窄、重量、色澤，這麼完美的體態，我終於辦到了，我總算證明了我的純潔無罪！」隔天醒來，只要出了一點點小狀況，不論是感冒、多了半磅、冒出一顆痘子，或多了一根白髮，全都意味著上主找上門來討債了，我的防禦措施垮了，我又掉回不完美的狀態，於是「我是有罪的」那不完美之念又整個兒湧

上了，難怪追求完美成了一條不歸路。

　　茱蒂：昨天和蘇珊、貝蒂討論時，我告訴她們，我大半輩子都很瘦，一直到最近才有體重的困擾。可是我瘦的時候，對自己的痛恨一點也沒比現在少，所以我知道身體不是解決之道。但是，總有些東西讓我擺脫不了身體，我好像有些「強迫症」傾向，因爲我以身體的需求爲藉口逃避了其他更重要的東西。

　　肯恩：身體當然會轉移我們的注意力，這是小我打造它的目的，這一招可眞高明。我們要不把身體當作救恩，要不就把它視爲煉獄，然而，眞正的救恩在於我們認清了身體本身毫無作用，眞正有影響的是我們所賦予它的目的。無論是眞胖還是自以爲肥胖，試著待以感恩之心，感謝它爲你提供學習「你不等於你的身體」這堂課（T-19.IV.二.10,14）。

　　蘇珊：這讓我想起一個問題，先前你說的時候，我一直忍著沒問。你說，當罪咎消失，肥胖也隨之而逝。這話聽起來不太牢靠，搞得我有點緊張。

　　肯恩：當罪咎消失，你對肥胖的執迷也隨之消逝，這才是你的目標所在。你想要活得無罪無咎，心安理

得，不再執迷於肥胖的問題，但是，你在內心設定的戲碼卻是──證明耶穌是錯的。

　　蘇珊：所以，對我來說，抓住肥胖不放，是爲了證明耶穌教的那一套不管用；因此，無論我怎麼請求耶穌與我同在，他都不會來，怎麼求都沒用。

　　肯恩：是啊，你要救恩照你的方式進行。不只有你如此，我們每個人都一樣。我們要救恩以我們指定的方式降臨，想要魚與熊掌兩者兼得。我們想擁有上主，但只想把祂放在自己小小的盒子裡。你想要活得無罪無咎，也想要不肥不胖，表示你始終把身體當眞、把肥胖當眞，這一切都代表了你仍然陷在小我的圈套裡。

　　蘇珊：嗯，聽起來很嚇人，這很可能就是我要寬恕自己的課程，因爲我這麼痛恨自己身上的肥肉。聽你說我應當學習「心安理得」，想到這一點就頭皮發麻。

　　肯恩：一點也沒錯，我想這會是很有意思的人生。你以爲是因爲自己無法接受肥胖才不想學這門功課，事實上，你之所以不想學，是因爲萬一學會了，你就徹底平安了，這才是你眞正害怕的。〈正文〉論及「對救贖的恐懼」時，寫得太好了，它說我們害怕的其實不是十

字架，而是救贖（T-13.III.1~5）。真正讓你感到恐懼的，是一旦放掉了你對肥胖的執迷，你不就快樂起來了？為了防止自己快樂，你開始對食物和身體惱怒發狂，你早已為這一生做了預設——不准活得幸福快樂。這下子，正中了小我下懷。

貝蒂：你剛剛談到完美的身體，讓我想起我很喜歡蘇珊描述的一個畫面：死後，我終於見到上主，祂圓滾滾的，渾身是肉。噢，老天爺，原來我可以胖得幸福快樂。我這輩子老想著要瘦，一生都困在肥胖的問題上。

肯恩：你可以胖得很快樂。想想胖彌勒的塑像，這當然是人類依照自己的形相打造的神，但重點是，不論你過胖或苗條，你都能活得幸福快樂。

貝蒂：說到現在，三句不離我們對身體的不滿，無論是捲髮、直髮、長髮、短髮、化不化妝、球鞋好不好看，總找得到地方挑剔。

肯恩：全是同一回事，我們都與身體認同了。從某個角度來說，小我和聖靈的目標是一樣的，但結局卻有天壤之別。聖靈的目標當然是讓我們活得無罪無咎，而小我也是這麼告訴我們的，其實它真正的目的是讓我們

活在罪咎裡。它會說，我們若想活得無罪無咎，就必須把心裡的罪咎投射到身體上。於是，身體成了我們的問題，而且是肉眼可見的問題。其實罪咎仍然留在心裡，只是表面上看起來好像轉移到身體，小我便說：「嗯，現在我要把你的身體變得完美一點，你才會顯得純潔無罪，而且自我感覺良好。」這正是我們今天在此的原因——小我讓我們相信，只要變瘦，我們就會顯得純潔無罪、感覺良好，所以我們聽從了小我的救恩計畫，把它詮釋成「我要瘦下來」，然後百般折騰，讓自己變瘦一點。小我的心思離不開這一具身體，而罪咎依然故我，生龍活虎地活在人心裡。

蘇珊：你知道，能看出我們對身體的投射和對別人的投射是同一回事，真的很難。要是我因為某件事而氣貝蒂，說她太兇，我可以看出，這完全是我內心指控自己凶惡而投射到貝蒂身上，需要寬恕的其實是我自己，但要套用在自己身上就難了！我們早就認定自己等於這具身體，「我將『自己』投射到身體」的概念確實不容易了解。倘若我們因為肥胖而指責我們的身體太不可愛了，那和我們指責貝蒂太兇同樣是一種投射。

肯恩：是的，毫無不同。你的身體在你心外，貝蒂

的身體也在你心外，完全是同一回事。

　　蘇珊：對我來說，這說法比較難套用在自己身上。

　　肯恩：沒有錯，但這是你脫離困境的唯一出路。你必須明白是你設定了這一劇本，好讓自己時時感到內疚，然後爲此怪罪某人。最後你一定會怪罪到上主頭上的。我們可以這樣說，遊戲規則是你訂的，牌是你發的，因爲只有你能控制身體增胖還是減重。如果你存心要證明上主欺騙了你，證明自己註定會失敗，你會如願以償的，只因你勢必會設定讓自己長胖的遊戲模式，那你怎麼可能不胖？

　　蘇珊：可以多談談這一點嗎？我以前聽你說過，人不是靠食物的卡路里增重的，而是靠自己的決定。

　　肯恩：是的，就像抽菸並不會讓人得癌症，而是罪咎讓人罹癌的；人的內心選擇了罪咎，這一決定才是罹患癌症的要素。同理，你體重增加，只因心靈給身體下了一個指令「再胖一點，因爲這樣才能證明你又醜又沒價值，罪孽深重，孤立無援」。貝蒂也總是說，食物造成她與別人的距離，那麼，與眞實的自性自然離得更遠了，上主聖愛也更難進入你的心裡。你又會忍不住怪

耶穌，你與他的隔閡更深了。食物會讓你和別人愈來愈
遠，是因爲你這麼以自己爲恥。這些後遺症就如滾雪球
一樣沒完沒了。其實說穿了，增加體重是出自願望，就
是怪罪自己、承認有罪的願望，這正是小我的妄心，編
造出這具身體和身體的法則。你自己訂的身體法則是，
如果你吃了五份巧克力聖代，即使有些不好受，但你一
定會胖。這個法則才是讓你體重增加的元兇。同樣的，
就像我舉高這隻手錶，讓它落下，它會掉到地上，我們
認爲這是因爲重力法則，其實，它並不是因重力法則而
墜落。所謂的重力法則其實並不存在。所有自然法則都
是心靈編造出來的〔原註〕，它規定「如果我舉高這隻
手錶，讓它落下，它會掉到地上」，但是，如果心靈改
變了這一法則，如果心靈改變了它所想要之物，那麼，
我放開這隻手錶時，它會浮在空中。它之所以落地，並
非因爲重力法則，而是我們預設出這一重力法則，而且
還甘願受它控制。

〔原註〕我是以形上學的角度討論此事。在實相中，物質世界並不存
　　　在，因此也沒有所謂的重力法則。這個世界只是我們心中的分
　　　裂一念；這一念埋在我們潛意識的心靈深處，可說是人人共有
　　　的。

蘇珊：難怪有些人大吃特吃，體重還是不會增加，其他人就會。

肯恩：正是，因為這是我們心靈的預設。過重的人覺得內疚、覺得很糟，因為自己一吃就胖，別人吃了卻沒事。我們不甘承認自己是始作俑者，但至少可以這樣去看：我這樣做原是想讓自己內疚，這表示需要改變的絕非身體的胖瘦，而是我心裡是怎麼想的。一切都操控在我的心內，我吃巧克力聖代會變胖，因為是我自己如此設定的。

蘇珊：我認為那是對我不好的食物。

肯恩：是的，那對你是垃圾食物，因為你已將這個世界設定為「食物有好壞之分」。這種想法不過是將內心的分裂投射到世界和食物罷了。你心裡有好的你和壞的你，說到究竟，其實就是代表小我與聖靈在你心中的對峙，小我是好的，而聖靈是壞的。無論是什麼，都被看成二元對立的。這是你投射到世界的二分法，食物有好壞之別，蘇珊也有好壞之別；吃好食物的是好蘇珊，吃了壞食物就成了壞蘇珊。

貝蒂：最近流行新的上癮理論，把「強迫性暴食

症」視為對感受的逃避，現在大家都很熱中講感受，只是你講的是罪惡感，而他們說的是痛苦與失落感。你們講的應該是同一回事吧！

肯恩：是的，基本上並無不同，但《課程》講得更深入一層。吃，常是壓抑感受的一種方式──我一感到焦慮，就趕快壓抑下去。我可以用食物、酒精、藥物、任何足以讓我上癮之物（金錢、財產、性），一層層地往下壓。無論你執迷什麼，都是想要壓住心內的焦慮與痛苦。所以就這個角度來說，確實是同一回事。

貝蒂：可否談談焦慮與痛苦？我之前提到，只要一停止吃東西，那些罪咎就冒出來了，也因此，我才有機會看清它，和聖靈一起正視這個問題，才有解脫的希望。現在，就讓我們順著這一邏輯談下去：我吃，是為了紓解焦慮，不去感覺痛苦，不去感覺這個那個……。請問，那些感受究竟是怎麼一回事？

肯恩：小我總是把事情搞得非常非常複雜。小我心中只有一種感受，就是罪咎，我們也可以用「恐懼」來取代「罪咎」。無論是焦慮、恐懼、自慚形穢、不安全感……，它們全都同出一源，那才是我們不願意面

對的。小我的伎倆是將埋在心底的罪咎感受和信念轉移
到身體，身體才會產生那些感受，無論它呈現於生理還
是心理層次（人格），我們都得花不少精神去照料它們
（T-18.VI.2~6；T-18.IX.4~5）。

　　看見了沒？小我一向把我們帶離問題的核心，而且
愈遠愈好。真正的問題是心中的罪咎，我覺得不配得到
上主的聖愛，因為我相信自己已遠離了祂。我將這個感
受轉移到身體，覺得萬般難受，結果我可能投射為「那
是因為我從小就沒人疼愛」。其實，童年沒人疼愛的感
受與我的父母無關，究其根本，它必指向我與生命源頭
的關係。這一感受直接「轉譯」為身體的空虛感，於
是我必須以食物填補這個洞。我把食物當成愛的象徵，
它也確實發揮若干撫慰的效果。我覺得沒人愛我，我得
找「愛」來填滿身體，那就是食物。我愈不想面對父母
不愛我的痛苦，就愈加拼命用食物來填補。就如我前面
提過的，每吞一口佳餚其實象徵著你想把父母釘上十字
架，要他們明白「倘若你們以前愛過我，好好養我，我
就不需要這樣暴飲暴食，把自己搞得又醜又胖，這全是
你們害的」。近年來流行一種說法：食物是一種防禦，
防止我正視自己的問題。這個說法相當中肯。

　　《課程》同樣認爲食物是一種防衛手段，所不同的，它強調食物不僅是爲了防止我憶起四十年前父母不愛我的感覺，更在防止我看見此時此刻自己的決定。食物確實是一種防衛伎倆，暴食是防衛，厭食也是防衛，都是爲了讓我們不去碰觸隱藏在心底的感受和念頭。總之，《課程》重新詮釋了那些念頭背後隱藏的深意。

　　貝蒂：你把「罪咎」和「恐懼」畫上等號，可以多說一點嗎？

　　肯恩：你一定很熟悉我對「罪咎懼」的解說：我們因爲與上主分裂而覺得有罪，因爲自知幹了什麼好事而內疚，然後，我們開始害怕天譴（請見本書PP.125~126）。在此，我必須說明一下，我們把「罪咎懼」說得好像是三件不同的事情，只因我們的腦袋是線性運作的，分開描述比較清楚一些。事實上，這三者是同一回事，是同一念的不同面向。《課程》常把「罪與咎」、「咎與懼」交替使用，我也是如此。〈正文〉談到「兩種情感」時，說恐懼與愛：「一種是你自己發明的，另一種則是上天所賜。」（T-13.V.10:1）上主只賜給我們愛，然而我們卻以恐懼取而代之，其實，用一個「咎」字代表它們更簡單一些。雖然這一節的標題用的

是「情感」兩字，但「咎」其實不是一種情感；愛當然也不是一種情感，上主的愛更不是我們心目中那種情感。恐懼其實是一種念頭，我們會覺得恐懼好似一種情緒，只因恐懼之念被小我「轉譯」爲身體的經驗，所以我可以感受到恐懼，知道什麼是恐懼，還把恐懼當作一種情緒來談。但說到究竟，恐懼不過是一念，是與上主分裂的一念，是怕受天譴的一念。於是，我會感到腎上腺素不斷飆升，感到焦慮不安，我覺得必須忽略或壓抑這個感受才行，最好逃得愈遠愈好。其實，那些感受都只是一個念頭罷了。

蘇珊：貝蒂談的「感受」，它沒有什麼對錯，但它也不是萬靈丹。貝蒂說，上癮理論目前最普遍的觀念是「我們想要把感受硬壓下去，若要對症下藥，最好就是不再壓抑感受，直接處理感受」。不過，那也是個陷阱。我認爲沒有什麼一針見血的解法，這一套可能對你頗有幫助，但也不見得有絕對的保證。

肯恩：沒錯。

蘇珊：既然我們不管做什麼都脫離不了那些感受，最後都可歸之於「罪咎」兩字，所以，唯一「眞正有效」的辦法，就是邀請聖靈加入。你是這個意思嗎？

肯恩：對，完全正確，這才是對症下藥。認清所有問題都出自罪咎，而罪咎源於自己已與上主分裂的信念，那才是問題的關鍵所在。《課程》一再強調問題其實很簡單——只有一個問題，也只有一個解答。問題即是分裂之念，而解答則是聖靈之念（W-79,80）。但我們偏偏把抽象的咎，也就是埋在內心深處的一念，投射到身體，構成某種形式的問題。在我們今天的討論中，它化為過重和暴食症。我覺得內疚，然後我覺得自己又胖又醜，證明我多麼沒有價值、多麼業障深重。要是我能保持一點清明，知道真正的問題不在於早晨磅秤顯示的數字，而在於我以為自己早已和上主天人永隔了；只要我能牢記這點，那麼解決方案便不再是降低磅秤上的數字，而是邀請聖靈與我一同觀看這個問題。這才算對症下藥。舉例來說，我可以邀請聖靈和我一同吃巧克力聖代，覺得聖代和我都沒什麼問題，因為我已呼求了上主之愛進入我的意識，自我感覺必然良好。這才是我真正的目標。然後，聖靈會陪我看著我對食物的執迷、看著我陣陣來襲的飢餓感，安慰我說：「問題沒有你想像的那麼嚴重。你真正飢渴的是我，而我一直在這裡與你同在。我才是你所要的，你要的並不是巧克力聖代。但是，在你能夠接受我及我的愛之前，我會陪伴你一起享

用這巧克力聖代。」

海倫生前喜歡請耶穌陪她逛街。她有購物狂，對吃也相當熱中，只不過尚稱節制，還不至於構成問題。海倫始終感覺耶穌真的陪她購物，還告訴她上哪兒採購。她也知道耶穌從不爲此責備或批評她，這讓她相當安心。耶穌從來沒要她停止「瞎拼」，他們這樣混了很多年〔原註一〕。

直到有天下午，我們從醫學院出發去逛街，通常要沿著第五大道，走到 Lord & Taylor 和 Altmans 這兩家百貨公司，然後再去逛三十四街所有的鞋店，這已經是我們多年的例行公事。那一天海倫突然說：「他告訴我（她從不說『耶穌』），他說我不該再這麼逛下去了，這對我沒有好處。」〔原註二〕耶穌等了好多好多年才講出這麼一句話。從那一天之後，我們再也沒逛過街，至少沒再那麼瘋狂或病態地逛街了，那可是非常漫長的一段歷程。海倫從中獲得最寶貴的經驗是——她確實是藉逛街購物來迴避耶穌，但耶穌並沒有怪罪她。以前每個星期六，我們會逛上好幾個小時，走完所有的店，什麼

〔原註一〕《暫別永福》第二版 pp.229~230 及 pp.426~427。
〔原註二〕耶穌的意思是，海倫那時已經可以放下對他的防衛心態了。

也沒買到，到了一天快結束時才花個半小時與耶穌一同禱告。好像她必須先這樣繞一大圈逛個過癮，才肯撥出二十分鐘或半小時給耶穌。逛一整天的目的顯然是要迴避耶穌的臨在，她以這種方式與耶穌討價還價：「你先給我幾小時，然後我才願意還你一點點時間。」

蘇珊：我們對食物也在玩同樣的把戲。

肯恩：正是如此。

蘇珊：我們逛遍每一家餐廳，嘗遍天下美食，不錯過任何一餐，然後，或許……

肯恩：然後，我們對耶穌說：「要是我變胖了，你就去死吧，我絕不會再找你了！」儘管如此，我還是要再三重申：請他與你同行，無論這個「他」是耶穌、聖靈或是上主，你怎麼稱呼都行。唯有如此，你才不會那麼內疚，這才是真正的目的所在。你應隨時提醒自己，邀請祂的目的並不是讓你變瘦，而是讓你對自己感覺良好。但如果你對自己的感覺良好是以腰圍為前提，你就完蛋了；反之，如果你對自己感覺良好，是以聖靈的臨在為前提，你的結局必然快樂幸福。因祂始終臨在你心中，永恆不渝。這才是重點。無論你吃健康食品還是

垃圾食物，都請耶穌與你同在，如此你才會眞正學到：
你吃沙拉，他與你同在，你吃巧克力聖代，他也與你同
在。他教你明白：「我對你的愛，與你表現是好是壞，
一點關係也沒有。」世上沒有一事能改變得了他對你的
愛。

蘇珊：這就像〈學員練習手冊〉頭幾課的練習，環
視這房間每一樣東西，但絕不可以排除眼前任何一物
（W-1.3；W-2.2）。你說的是同一回事？

肯恩：是的，完全同一回事。

蘇珊：聽起來眞簡單，但做起來實在不容易。每一
步，無論你做什麼，無論你認定自己在做什麼，都請聖
靈加入。就這麼簡單，不要再編故事了！

肯恩：這就是你要做的。退後一步，和祂一起觀
看，無論你在大快朵頤，還是吃只含150大卡的沙拉。
只是退後一步，和祂一起看著自己的所作所爲。這會幫
助你拉開你和食物之間的距離，你也才有機會改變進食
的目的。於是，進食成了一件神聖的事，不再象徵你的
庸俗、空虛、匱乏、自我憎恨、罪咎和失敗。這個象徵
告訴你：耶穌或聖靈要教你的，不過就是「祂愛你」而

已（W-pII.五.4；T-8.VII.3）。

蘇珊：即使你正在狼吞虎嚥。

肯恩：即使你正在狼吞虎嚥，祂一樣愛你。

蘇珊：因為你做這件事時，是和聖靈一起的。

貝蒂：聖靈能利用任何一件事，只要和聖靈在一起，每件事都成了寬恕的功課。

肯恩：是的，寬恕是世間萬事萬物最終的目的。你應該把這句話具體套用在食物上。《奇蹟課程》曾說過，聖靈不會奪走你的特殊關係，祂只會加以昇華（T-17.IV.2；T-18.II.6）。祂不會奪走你的巧克力聖代，只是轉化它的意義。當意義改變時，你對它的渴求也會慢慢改變。你對巧克力聖代的渴望其實是為了懲罰自己，推開上主，否定你的真實自性。這才是真正的內涵。當你邀請上主與你同行時，整件事就改變了，你那不由自主的欲望自會消失。只是，千萬別馬上跳上磅秤而糟蹋了這一刻的體驗。

蘇珊：萬一你跳上磅秤，還是可以邀請聖靈加入。要是你因為數字上升而生氣，就再次邀請聖靈。無論你

的小我要幹嘛，都緊抓著聖靈不放，你只能這麼鍥而不捨地求助。

肯恩：那才是解決之道。

蘇珊：所以，這裡唯一要求的信心，就是相信，只要你和聖靈一起（無論你稱為聖靈、上主之愛、對上主的記憶，什麼都行），你就會好受很多。

肯恩：沒有錯。然後停下來，提醒自己：我會覺得好受；不是我會瘦，而是我會好受一點。

蘇珊：所以，你的焦點必須放在「自己好受多了」，而且不跟任何東西掛勾。

肯恩：是的，這才是我們的目標。我們前頭說過，必須先設定目標，〈正文〉「設定目標」這一節解釋得很清楚（T-17.VI）。如果你的目標是變瘦，就算你達成目標，平安不見得隨之而來。但如果目標是無罪無咎、自我感覺良好，或感受到上主聖愛在我內，那麼我自會明白，即使我吃巧克力聖代，也能達成目標。如果我的目標是減輕體重，那麼，我會設法不吃巧克力聖代來達成減重目的，結果反而失敗，因為我的預設原本就註定失敗。反之，如果我吃巧克力聖代只是為了達到心無

罪咎的目標，那麼我讓耶穌陪著我心安理得地吃巧克力聖代，我就贏了，耶穌也贏了。看見沒有？你以前的方法總是有人贏就勢必有人輸，而當你非要是「對的」不可，你就不能不證明他是「錯的」。如果你的目標是證明雙方都是對的，唯有你純以無罪無咎爲目標，雙方才可能都是對的。那麼，不論你吃巧克力聖代還是胡蘿蔔，你都會吃得心安理得，這時候，你才會說「這方法眞的管用」。

蘇珊：那麼，這也可以成爲我肥胖的目的。只要我一路跟隨你，按照你的步驟去做，吃了巧克力聖代又吃一堆食物，結果我變胖了，我可以把增胖當成證明我無罪無咎的手段。這麼一來，肥胖就成了學習「上主愛我」的一種轉化自我的功課。

肯恩：沒錯。肥胖變成了你的朋友，〈教師指南〉裡有一句很棒的話這麼說：「不要為生活中的種種束縛而感到沮喪〔意指身體的束縛〕。你的任務乃是擺脫束縛，而不是逃避束縛。」（M-26.4:1~2）我們可以把肥胖套進這一句話：「不要爲肥胖的種種束縛而感到沮喪。你的任務乃是擺脫肥胖的束縛，而不是逃避肥胖。」換句話說，你的任務乃是擺脫肥胖帶給你的罪

咎、憤怒、絕望、沮喪、匱乏和自我憎恨，而不是避免變胖。這並不代表你註定會終生肥胖，我只是說，肥胖與否並非你此生的任務。你的任務是擺脫罪咎，或是擺脫肥胖對你的意義。如果這是你這輩子必修的功課，你會對肥胖滿懷感激之情，因為你藉著它學會了你原本可能得花百千萬劫才能學會的功課——也就是你是無罪無咎的生命。

蘇珊：如此說來，我多麼痛恨肥胖，就能療癒到多深；只要我真正學會了這一課，我就能療癒到那個程度。你要說的是這個嗎？

肯恩：這就是我的意思。

蘇珊：哇！我從沒想過，我居然可以為肥胖開心。

貝蒂：別高興得太早！

肯恩：最後，我引用〈學員練習手冊〉「何謂身體？」這一篇來總結我們的討論，我只朗讀其中幾段。我們無妨將它套用在今天的主題「肥胖」，幫助我們看清：我們造了這具身體，作為對上主的攻擊，且對上主避之猶恐不及，肥胖不過證明這一陰謀真的得逞了。身體於是成了背叛上主的可怕象徵，身體不會消失，肥胖

的問題也不會消失，但它們的作用改變了；身體一旦改變了它的作用和目的，立即變得神聖無比。我們以前對待身體的方式，是用它來代表自己的罪咎與恐懼，以抵制我們真正想認同之物——我們與生俱來的上主聖愛或基督聖愛。請記得，我們認同什麼，就等於向自己證實了自己是什麼。這一節最後提醒我們，應該與愛認同，而非身體。因此，我們唯有將身體作為提醒「自己是愛」的工具，邀請聖靈或耶穌與我們同在，祂才可能完成這一任務。總而言之，一切端視我們賦予身體什麼目的。此刻，我們就以下面幾段引文結束今天的課題：

> 身體是上主之子為自己幻想出來的一道圍牆，把他自性的某一部分與其他部分隔絕開來。然後自以為活在這座牆內；當它腐朽崩塌時，他就認為自己死了。他還認為這座牆能使他安全地逃離愛的控制。為了與自己的安全堡壘認同，他不惜把這身體當成自己。還有什麼更好的方式能夠確保他存活於這具身體內，同時把愛推出身外？

> 身體只是一個夢。就像其他的夢一樣，有時呈現出歡樂的畫面，轉眼之間又會變得十分恐

怖；所有的夢都是由此恐懼而起的。只有愛能
在真理中創造，而真理中沒有恐懼。身體既是
為了讓人害怕而形成的，它必須恪盡其職。然
而，身體原有的指令是可以改變的，只要我們
願意改變身體在我們心中的目的。

身體是上主之子恢復健全神智的工具。雖然它
當初是為了把聖子關進永無生路的地獄而造
的，如今，天堂取代了這座地獄，成了身體存
在的目的。上主之子向自己的弟兄伸出援手，
相互扶持，一起上路。如今，身體成了神聖之
物。以前以殺人為目的的它，如今開始致力於
心靈的療癒。

你認為什麼能保障你的安全，你就會與什麼認
同。不論那是什麼，你都會認定它是你的自家
人。你的安全堡壘其實是在真理之內，不在謊
言中。愛才是你的安全保障。恐懼並不存在。
與愛認同，你才會安全無虞。與愛認同，你就
已回家了。與愛認同，你便會找回你的自性。
（W-pII.五.1,3~5）

附　錄

問與答：微波食物

　　基金會於2005年舉辦的一場研習中，有位學員提到她和其他學員經常討論飲食問題，比如說，哪些食物是健康的、哪些食物又是有害的等等。以下是這位學員與肯恩的對話；為了方便閱讀，本文已經重新編輯。

　　問：我心底有一部分知道食物本身並非問題之關鍵，但是在這個層次，我認為避開有害的食物，也代表了我決定不傷害自己。我和朋友討論該不該用微波爐時，她說：「我知道微波爐不會傷害我，因為我是帶著愛心在使用。微波爐方便又省時間，只要我沒有傷害自己的意思，出發點是好的，就不會有問題。」這下子，我更糊塗了。她好似說，我們選擇的東西就算有傷害我們的可能，但只要心中沒有傷害自己的意念，就算吃了不健康的食物，也不見得會造成傷害？

　　肯恩：這個問題很重要。我一再提醒奇蹟學員做個正常人，別因為學了奇蹟就把生活常識拋諸腦後。以飲

食為例，誰都得吃東西，表示我們非但認為自己是一具身體，而且心裡多少認同了小我那一套思想體系，若硬要否認此事，一點幫助也沒有。只要認同了小我與身體，我們理當區分食物的好壞；吃有害的食物會生病，吃健康食品對身體有益，這是人人皆知的常識。若要堅持否認這一想法，就落入了耶穌在〈正文〉第二章所告誡的：「他所行使的『否認』能力是最不值得的。」（T-2.IV.3:11）你明明認定自己是一具身體，卻堅稱「只要我心存正念，食物就不會傷害我」，這根本是睜眼說瞎話！別忘了，要是真的心存正念，你根本不會來到這個世界，更不會提出這種問題，只因吃不吃對你來說都不是問題。準此而言，先承認自己的心念已經扭曲了，這還實在些。你認定哪些食物有益，就吃；哪些食物對你有害，就別吃，無需左思右想。如果你相信微波爐的放射線會殘留在食物而傷害你，就離它遠一點；如果你認為不會，那就用吧。

　　如果你不再與身體認同，用不用微波爐只是個不成問題的問題，根本無關緊要。只有內疚會傷害你，也只有寬恕能幫助你，遺憾的是，很少人活在這一心境。所以，只要還活在分裂（也就是身體）的層次，相信什

麼,就怎麼做吧。再說一次,這原本不是問題的。要是
你想說服自己「只要帶著愛心使用微波爐,這一念就會
保護我」,反而落入了陷阱,好像微波爐真傷得了你似
的。相信愛心之念有影響外境的能力,正是典型的小
我心態,也就是耶穌在〈正文〉第二章所說的「層次混
淆」(T-2.IV.2)。

　　要知道,心靈和身體根本不在同一個層次,它不會
去改造身體的。如果我相信愛心之念可以保護我大吃基
因改造食物而毫無後遺症,我其實已經傷害了自己,因
我真以為外頭有危害我之物,全靠愛心之念才能化險為
夷,這樣做反而把錯誤給弄假成真了,才是「罪」孽深
重。同樣的,放光加持戰亂之地、送光給五臟六腑,就
如同送愛給微波爐,都犯了同樣的錯誤。問題不在於
用不用微波爐,而是為什麼這事對你是一個大問題!在
本書進入「性」的討論前,我曾引用克里希那穆提所說
的:「要做就做,不做就不做,別左思右想了。」別把
它變成一個大問題。用不用微波爐從來就不是問題,美
國總統做什麼決定也不是問題,這個世界如何改變或不
改變都不是你的問題。我的平安並不繫於國會或白宮要
不要採取什麼行動,也不在那一具微波爐上。當然,只

要還認為自己是一具身體，我的身體可能受外界影響，誰都不想貿然將身體置於險境。但是，別再幻想我們可能在世上找到安全保障。唯有寬恕才是我們的安全所在，因為它會引領我們走向愛，與愛合一，那才是你我唯一的保障。

　　問：你以前談過有些人藉著迷幻藥得到所謂的超越經驗或療癒經驗，當時你的說法是，那其實反映出他們的心靈早就願意敞開接受療癒，而那些經驗只是反映了這樣的決定，迷幻藥並不是真正的關鍵。我好像也落入了類似的誤解，以為可以用現實經驗來判斷自己的心態究竟屬於妄念還是正念。例如說，世界原本是為了攻擊或享樂而造出的，現在我明白它本是中性的，全看我拿它來做何用途而定。以此類推，身體應該也是中性的。我要問的是，是不是也可以這麼看待微波爐？就算它原是造來攻擊身體和上主，但因為聖靈能將世上的一切轉為不同的目的服務，微波爐也應是中性的才對。

　　肯恩：只要認為自己是一具身體，一定會去區分何者有害、何者有益。這種判斷是活在身體內的人免不了的，真正該留意的，乃是我們老愛分別取捨的傾向。

問：世上每件事物對我們好像都有害，說都說不完？

肯恩：是的。我們生活的這個世界，包括呼吸的空氣、喝的水、吃的食物，什麼都有害，甚至還有炸彈從天而降，可謂處處是危機。我們必須看清這一點，才可能完全死心，不再寄望於外在世界，唯有走向心內才是真正的希望所繫。不過，我還是得重申一下，只要我們還活在這具身體裡，不妨依著內心的感覺去做。你如果對微波爐有疑慮，硬著頭皮繼續使用，實在是不智之舉，你還有其他熱飯菜的方法可供選擇，不是嗎？但如果你很在意時間，微波爐當然是很棒的發明，何不善加利用？我要說的是，盡力而為就行了，尊重自己的好惡與信念去做，只要不傷害自己或他人就行。

值得留意的是，別把微波爐變成你的修行功課，否則就走偏了，把錯誤弄假成真，違背了我們一再強調的基本原則——「別再著眼於他人的過錯了。更不可把它當真。」（S-2.I.3:3~4）請記住，無論是性、金錢，還是微波爐，只要煩惱一起，你就把它們弄假成真了，所以我才說「要做就做，不做就不做，別左思右想了」。這些外在形式，絕非問題之所在，一旦掉入了小我的陷

阱，尤其是最切身的食物與健康問題，你很難不去批判那些意見相左的人，因為你認為自己在做靈性或神聖的事情。用不用微波爐不過是身體的一種作為，根本與靈性或神聖無關。別忘記最基本的前提 —— 身體即是對上主的攻擊 —— 說到究竟，萬事萬物都是對上主的攻擊。在這種情況下，你所能做的，就是盡量寬恕自己。

透過寬恕，你會慢慢學到如何讓身體發揮大用，將身體化為教室，幫助你看清那是出自心靈的決定。舉例來說，當你為微波爐而苦惱時，不妨把此事視為一種助緣，看清自己內心多麼害怕愛，你才會把內心渴望愛又害怕愛的衝突投射到微波爐上。這些經驗最大的幫助是，提醒你，用不用微波爐、吃不吃基因改造的食物、吃葷吃素、該買普通雞蛋還是放山雞蛋，全都不是重點。只要你覺得它對你有益，怎麼做都可以。如果你心裡仍為此事七上八下，你不過是在投射內心的衝突而已，那才是你真正不敢面對又放不下的。此刻，不論你如何解決外在問題，都不過是一種障眼法而已。

容我再說一次，只要你覺得對你有用，你就用，但請務必尊重別人不同的決定。還有，別把《奇蹟課程》拖下水，不要把它帶進餐館、雜貨店、廚房或臥室裡，

評判吃什麼、用什麼或做什麼才合乎奇蹟理念，這麼做只會把原本不是問題的問題搞得特別真實。世界的本質不過是內疚之念的投射，你唯一該做的，只是化解那個念頭，真正的平安與安全保障即在其中。

奇蹟資訊中心
出版系列：

《奇蹟課程》
（A Course in Miracles）──新譯本

《奇蹟課程》是二十一世紀的心靈學寶典，更是近年來各種心理工作坊或勵志學派的靈感泉源。中文版已在 1999 年由若水譯出，並由作者海倫‧舒曼博士所委託的「心靈平安基金會」出版。

新譯本乃是根據「心靈平安基金會」2007年所出版的「全集」，也是原譯者若水在「教」「學」本課程十年之後再次出發的精心譯作。全書分為三冊：第一冊：〈正文〉；第二冊：〈學員練習手冊〉；第三冊：〈教師指南〉、〈詞彙解析〉以及〈補編〉的「心理治療」與「頌禱」二文。新譯本網羅了《奇蹟課程》所有的正式文獻，使奇蹟讀者從此再無滄海遺珠之憾。（**全書三冊長達 1385 頁**）

《奇蹟課程》
〈學員練習手冊〉新譯本隨身卡

《奇蹟課程》第二冊〈學員練習手冊〉共三百六十五課，一日一課地，在力求具體的操練中，轉變讀者看事情的眼光，解開鬱積的心結。

若水由十餘年的奇蹟課程教學譯審經驗出發，全面重譯這部曠世經典。新譯版一本經典原文的精確度，語意更為清晰，文句更加流暢。精煉再三的新譯文，吟誦之，琅琅上口，饒富深意，猶如親聆J兄溫柔明晰的論述，每天化解一個心結，同享奇蹟。

為方便現代人在忙碌生活中操練每日一課，經三修三校的重譯版，首度以隨身卡形式發行，以頂級銅西卡精印，紙版尺寸 8.5 × 12.6 公分，另有壓克力卡片座供選購。（**全套卡片共 250 張**）

奇蹟課程導讀與教學系列

《奇蹟課程》雖是一部自修性的課程，只因它的理論架構博大精深，讀者常易斷章取義而錯失精髓，故奇蹟資訊中心陸續推出若水的導讀系列、米勒導讀，以及一階理論基礎及二階自我療癒DVD、其他演講錄音或錄影教材，幫助讀者逐漸深入這部自成一家之言的思想體系。

若水導讀系列
（一）《創造奇蹟的課程》（**全書 272 頁**）
（二）《生命的另類對話》（**全書 272 頁**）
（三）《從佛陀到耶穌》（**全書 224 頁**）

若水在這三冊中，解說《奇蹟課程》的來龍去脈與理論架構，透過問答的形式，說明崇高的寬恕理念如何落實於生活中；最後透過《奇蹟課程》的理念，闡釋佛陀和耶穌這兩位東西方信仰系統的象徵，在實相裡並無境界之別，而只有人心的「小我分裂」與「大我一體」的天壤之隔。

米勒導讀
《奇蹟半生緣》

一位慧心獨具卻不得志的記者，三十多歲便受盡「慢性疲勞症候群」的折磨，群醫束手無策，他在走投無路之下，不禁自問：「究竟是誰把我這一生搞得這麼慘？」

《奇蹟課程》讓他看到，自己竟是一切問題的始作俑者。他對這一答覆百般抗拒，直到有位心理治療師對他說：「恭喜你！你若讀得下這本書，大概就不需要心理治療了！」

《奇蹟半生緣》全書穿插作者派屈克‧米勒浮沉人生苦海的經歷，但他並不因此獨尊自身的經驗和詮釋，而以記者客觀實証的精神，遍訪散居全美各地的奇蹟講師與學員，甚至傾聽圈外人的質疑。本書可說是一部美國奇蹟團體的成長紀實。（**全書 319 頁**）

奇蹟課程有聲教學教材

奇蹟資訊中心歷年發行《奇蹟課程》譯者若水的演講錄音或錄影光碟，將《奇蹟課

程》的抽象理念與現實生活銜接起來，幫助讀者了解《奇蹟課程》的精髓所在，是奇蹟學員不可或缺的有聲輔讀教材，由於教材內容每年不盡相同，欲知詳情，請上網查詢。

www.acimtaiwan.info 奇蹟課程中文網站
www.qikc.org 奇蹟課程中文部簡体網

肯恩實修系列

《奇蹟原則50》

許多讀者久仰《奇蹟課程》之盛名，興沖沖地讀完短短的導言後，就忙忙在一條一條有如天書的「奇蹟原則」之前。讀了後句忘前句，「奇蹟」的概念好似漂浮在字裡行間，始終無法在腦海中落腳，以至於閱讀了一兩頁之後便後繼無力，難以終篇，竟至棄書而逃。

「奇蹟原則」前後五十條，其實是整部課程的濃縮，若無明師指點，讀者通常都不得其門而入。於今多虧奇蹟泰斗肯尼斯旁徵博引，以深入淺出而又幽默的答問形式，將寬恕與奇蹟的精神落實於生活中，為初學者乃至資深學員提供了一個實修的指標。（全書209頁）

《終結對愛的抗拒》

追尋心靈成長的人，學到某個階段往往面臨一個瓶頸：儘管修習多年，一遇到某種挑戰，就不自覺地掉回原地，因而自責不已。問題到底出在哪裡？

佛洛依德在他的臨床經驗中，驚異地發現，病人的潛意識中有「拒絕療癒」的本能，肯尼斯根據《奇蹟課程》的觀點，犀利地剖析人們「拒絕療癒或轉變」的原因，又仁慈地為讀者指出穿越小我迷霧的關鍵，由停滯不前的窘境中突圍。對於追尋心靈成長和平安的人而言，本書不但有提點指授的功效，更有當頭棒喝的力量。（全書109頁）

《親子關係》

坊間論及親子問題的書籍可謂汗牛充棟，泰半繞在親子關係複雜且微妙的糾結情懷，唯獨肯尼斯‧霍布尼克不受表象所惑，借用《奇蹟課程》的透視鏡，澈照出親子之間愛恨交織的真正關鍵。

本書表面上好似在答覆「如何教養子女」、「如何對待成年子女」以及「如何照顧年邁雙親」等具體問題，它其實是為每一個人點出我們在由「身為兒女」，到「照顧兒女」，繼而「照顧雙親」的艱苦過程，以及我們轉變知見時必然經歷的脫胎換骨之痛。（全書238頁）

《性‧金錢‧暴食症》

在紛紜萬象的世界裡，性、金錢與食物可說是人生問題的「重頭戲」，最易牽動小我的防衛機制，故也最具爭議性。作者肯恩沿用《奇蹟課程》中「形式與內涵」的層次觀念，針對性、金錢等等所引發的光怪陸離現象（形式），揭露它們背後一貫的目的（內涵）──小我企圖藉無止盡的生理需求，抹滅心靈的存在，加深孤立、匱乏、分裂等受害感，最後連吃飯、賺錢與性交都可能變成一種攻擊的武器。

肯恩與學員的趣味問答，反映出我們日常是如何受制於這些生理需求的；然而，我們也能藉聖靈之助，將現實挑戰化為人生教室，將小我怨天尤人的陰謀，轉為寬恕與結合的工具。（全書196頁）

《仁慈──療癒的力量》

這是一部針對奇蹟教師及資深奇蹟學員的實修指南。全書分上下兩篇，上篇列舉奇蹟學員常有的現象，例如以奇蹟之名攻擊他人，或以善意為由掩蓋自己批判的心態；下篇探討如何用仁慈的眼光來看待自己與他人的缺陷，教我們將自身的限制或缺陷轉為此生的「特殊任務」，在人間活出寬恕的見證，成為聖靈推恩的管道。（全書251頁）

《逃避真愛》

本書是針對道理全懂卻難以突破的資深學員而寫的，它一針見血地指出，綑綁我們修行腳步的，不是世界的黑暗，也非人間的牽絆，而是自己打造出來的一道心牆。

只因我們深怕真愛會消融了自己的特殊性，故把心靈最深的渴望隱藏到心牆之後，與之「解離」，在人間展開一場虛虛實實又自相矛盾的追尋。一邊痛恨小我的束縛，一邊又忙著為小我說項；以至於內心有一部分奮力向前，另一部分則寧可原地觀望。藉著裝傻、扭曲、辯駁，把回歸真愛的單純選擇

渲染成複雜又艱深的學問。

《逃避真愛》溫柔地解除了人心無需有的恐懼，讓我們明白心牆的「不必要」，陪伴我們無咎無懼地跨越過去。（全書156頁）

《假如二二得五》

從古至今，多少人心懷救苦救難的大志，傾注一生之力貫徹自身理想，卻往往受現實所囿而終不能及。我們這些凡夫俗子，亦不乏拼搏自救之心，然而在現實面前，還是屢屢敗陣，活得憋屈而無奈。問題究竟出在哪裡？

對此，本書剴切提出：整個世界其實一直按照 2＋2＝4 的「鐵律」來運作，萬物循著固定的軌跡盈虧盛衰，一切可謂「命中註定」，無怪乎歷史上的種種救世之舉皆以失敗告終。然而，《奇蹟課程》識破世界的詭計，小我既然使出 2＋2＝4 的苦肉計，它便祭出 2＋2＝5 的救贖原則，破解小我編織的羅網，溫柔地引領我們走出世界的幻境。本書即是教導我們，如何在貌似 2＋2＝4 的世界活出 2＋2＝5 的生命氣象，而且更進一步，迎向天地間唯一真實的等式 1＋1＝1。（全書171頁）

《駱駝・獅子・小孩》

本書書名出自德國哲學家尼采的代表作《查拉圖斯特拉如是說》裡的「三段蛻變」──駱駝、獅子、小孩。這則寓言提綱挈領地勾勒出靈性的發展過程，尼采的幾項重要論點，包括強力意志、超人、永劫輪迴，也在肯恩博士精闢的詮釋之下，與奇蹟學員熟悉的抉擇心靈、資深上主之師、小我運作模式等觀念相映成趣。

肯恩博士為奇蹟學員引薦這位十九世紀天才的作品，企盼在大家為了化解分裂與特殊性而陷入苦戰之際，可以由這本書得到鼓舞和啟發。我們終將明白，唯有「一小步又一小步」的前進，從駱駝變成獅子，再進一步蛻變為小孩，不跳過任何一個階段，才能抵達最後的目標。（全書177頁）

肯恩《奇蹟課程釋義》系列

《奇蹟課程序言行旅》

如果說《奇蹟課程》是一首曠世交響曲，《序言》便奠定了整首樂曲的氣質與基調，不僅鋪敘出奇蹟交響樂的關鍵理念，還將讀者提昇到奇蹟形上思想的高度和意境，堪稱《正文行旅》最佳的暖身之作。

肯恩有如一流的樂評家，領著讀者，在宏觀處，領受樂章磅礴的主旋律，在微觀處，諦聽暗藏其中的千百種變奏，致其廣大，盡其精微，深入課程之堂奧，回歸心靈之家園。（全書121頁）

《正文行旅》（陸續出版中）

《奇蹟課程》在人類靈性進化史上的貢獻可謂史無前例，而《正文行旅》乃是《奇蹟課程釋義》三部曲的完結篇。肯恩由文學，詩體，音樂三重角度，依循各章節的主題，提供了「重點式」以及「全面性」的導覽，幫助學員深入奇蹟三昧，沉浸於智慧與慈悲之海。

這部行旅可說是肯恩一生教學的智慧結晶，奇蹟學員浸潤日久，必會如他所願：奇蹟，發自心靈，必將流向心靈。（第一冊335頁，第二冊314頁）

《學員練習手冊行旅》（陸續出版中）

整套《奇蹟課程釋義》的問世，可說是無心插柳。1998年起，肯恩應學生之請，為〈學員練習手冊〉做了一系列的講解，基金會將研習錄音增編彙整為逐句詮釋的〈練習手冊行旅〉。此案既定，〈正文行旅〉以及〈教師指南行旅〉應運而生，為奇蹟學員提供了最完整且精闢的修行指針，訂名為《奇蹟課程釋義》，幫助學員將〈正文〉理念架構所引伸出來的教誨，運用到現實生活中。這三部《行旅》，可說是所有踏上奇蹟旅程的學員最貼心的夥伴。

《學員練習手冊行旅》的宗旨，乃是幫助奇蹟學員了解三百六十五課的深意，以及它們在整部課程中的作用。更重要的是，幫助學員將每日一課運用於現實生活中，否則《奇蹟課程》那些震古鑠今之言可謂枉費唇舌，徒然淪為一套了無生命的學說。（第一冊346頁，第二冊292頁，第三冊234頁，第四冊337頁，第五冊289頁）

《教師指南行旅》
（共二冊，含《詞彙解析行旅》）

〈教師指南〉是《奇蹟課程》三部書的最後一部，它以「如何才是上主之師」為主軸，提綱挈領地梳理出〈正文〉的核心觀念，全書以提問的形式鋪敘而成，為其他兩部書作了最實用的補充。

肯恩在逐句解說〈教師指南〉時，環繞著兩個主題：「個別利益」對照「共同福祉」，以及「向聖靈求助」。因為若不懂得向聖靈求助，我們根本學不會「共享福祉」這門功課。當然，全書也穿插不少副題，如「形式與內涵」、「放下判斷」等等，就像貝多芬的偉大樂章那樣，不時編入數小節旋律，讓主題曲與變奏曲銜接得更加天衣無縫。肯恩說：「我希望藉由本書讓學員看出，耶穌是如何高明地把他的基本訊息串連為一個整體，一如交響樂以主旋律與變奏曲那般交叉呈現、迴旋反覆地將我們領上心靈的旅程。」（第一冊337頁，第二冊310頁）

其他出版品

《寬恕十二招》

《寬恕十二招》的作者保羅‧費里尼，有鑒於人們的想法與情緒反應模式，早已定型僵化，成了一種「癮」，不是一朝一夕可以化解得掉的。因此，他將《奇蹟課程》的寬恕理念，分解為十二步驟，一步一步地引導我們超越自卑、自責以及過去的創痛，透過自我寬恕而領受天地的大愛。這是所有準備好負起自我治癒之責的人必讀的靈修教材，也是曠世靈修經典《奇蹟課程》的輔讀書籍。（全書110頁）

《無條件的愛》

作者保羅‧費里尼繼《寬恕十二招》之後，另以老莊的散文筆法，細細描述我們每一個人心中都擁有的「無條件的愛」。他由大我的心境出發，以第一人稱的對話方式，直接與讀者進行心與心的交流，喚醒我們心中沉睡已久的愛，開啟那已被遺忘的智慧。此書充滿了「醒人」的能量，是陪伴你走過人生挑戰的最好伙伴。（全書215頁）

《告別娑婆》

宇宙從哪兒來的？目的何在？我究竟是什麼？為什麼會在這裡？我要往哪裡去？我該怎麼活在這個世界裡？當你讀完本書，會有一種「千年暗室，一燈即亮」的領悟。

全書以睿智而風趣的對話談當今世局、原子彈爆炸，一直說到真愛、疾病、電視新聞、性問題與股價指數等等，讓我們對複雜詭異的人生百態，頓時生出「原來如此」的會心一笑。它說的雖全是真理，讀起來卻像讀小說一樣精彩有趣，難怪一問世便成了西方出版界的新寵。（全書527頁）

《一念之轉》

作者拜倫‧凱蒂曾受十餘年的憂鬱症所苦，一天早上，她突然覺悟了痛苦是如何形成又如何結束的。由此經驗中，她發明了四句問話的「轉念作業」（The Work），引導你由作繭自縛中徹底脫身，是一本足以扭轉人生的好書。（全書448頁，附贈轉念作業個案VCD）

《斷輪迴》 阿頓與白莎回來了！

繼《告別娑婆》走紅之後，葛瑞的生活形態發生重大的轉變，也面臨了更多的挑戰。葛瑞仍是口無遮攔地談八卦、論是非、臧否名流，阿頓和白莎兩位上師在笑談棒喝中，繼續指點葛瑞如何在現實挑戰下發揮真寬恕的化解（undo）功能，徹底瓦解我執，切斷輪迴之根。（全書304頁）

《人生畢業禮》

本書是保羅與 Raj 在 1991 年的對話記錄。對話日期雖有先後，內涵卻處處玄機，不論由哪一篇起讀，都會將你導入人類意識覺醒的洪流。

Raj 借用保羅的處境，提醒所有在人間孤軍奮鬥的人，唯有放下自己打造的防衛措施，才可能在自己的心靈內找到那位愛的導師。也唯有從這個核心出發，我們才會與所有弟兄相通，悟出我們其實是一個生命。（全書288頁）

《療癒之鄉》

《療癒之鄉》中文版由美國「獅子心基金會」委託台灣「奇蹟資訊中心」出版。

作者羅賓‧葛薩姜把《奇蹟課程》深

奧又慈悲的教誨化為一套具體的情緒啟蒙和心靈復健課程，協助犯罪和毒癮的獄友破除心理障礙，學習處理人與人之間的衝突，調整情緒，建立自信，切斷「憤怒→攻擊→憤怒」的惡性循環。《療癒之鄉》陪伴無數受刑人度過獄中歲月。

《療癒之鄉》也是為所有困在自己心牢裡的讀者而寫的。世間幾乎沒有一人不曾經歷童年的創傷、外境的壓迫，以及為了生存而形成種種不健康的自衛模式。獄友的心路歷程給予我們極大的啟發，鼓舞我們步上心靈療癒之路。（全書 440 頁）

《我要活下去》

這本書不只是一本鼓舞信心的療癒指南，還是一個女人把自己從鬼門關前拉回來的真實故事。

作者朱蒂・艾倫博士（Judy Edwards Allen, Ph.D.）原本是成功的專業顧問、大學教授、大學教科書作者，四十歲那年獲知罹患乳癌的「噩耗」，反而成為她生命的轉捩點，以清晰、熱情的文筆，記錄了她奮力將原始的求生意念成功地轉化為「康復五部曲」的歷程。讀者會看到她如何軟硬兼施地與醫生打交道，如何背水一戰克服無助感，又如何透過寬恕，喚醒內心沉睡已久的愛與生命力。最後，她終於超越自己對生死的執著，在這一場疾病與療癒的拔河大賽中，獲得了靈性的凱旋。（全書 280 頁）

《時間大幻劇》

人們對於時間，存在著種種截然不同的看法，比如：時間是良藥，可以癒合一切創傷；善惡終有報，只等時候到；時間是無情的殺手，終將剝奪我們的一切……。人類早已視時間的存在為天經地義，戰戰兢兢地活在過去的懊悔、現在的焦慮和對未來的恐懼中。我們好似活在一座無形的牢籠裡，苟延殘喘，等待大限的到來。

《奇蹟課程》的泰斗肯恩博士曾說：「不了解時間，不可能讀懂《奇蹟課程》的。」他引經據典，將散落全書有關時間的解說，梳理出一個完整的思想座標，猶如點睛之龍，又如劃破文字叢林的一道靈光，讓我們一窺《奇蹟課程》的究竟堂奧（究竟義）。此書可說是肯恩留給奇蹟資深學員最珍貴的禮物。（全書413頁）

《奇蹟課程誕生》

《奇蹟課程》的來歷究竟有何玄虛？為什麼它選擇經由海倫・舒曼博士來到人間？它的記錄方式及成書過程，與它傳給人類的訊息有何內在關係？有幸親炙此書的我們，又該如何延續奇蹟精神的傳承？

不論你只是好奇《奇蹟課程》的精采傳奇，還是有心以「史」為鑑，窮究奇蹟的傳承精神，本書都提供了最可靠的第一手資料。作者因與茱麗、海倫與比爾等人交往密切，故受這些開山元老之託，冷靜而客觀地梳理《奇蹟課程》的記錄及成書經過，佐以三位奇蹟元老的親筆自白，融鑄成一部信實可徵的《奇蹟課程》誕生史，帶領讀者重新走過五十年前那段精采神奇的心靈歷程。（全書195頁）

《飛越死亡的夢境》

本書榮獲美國出版界著名的「活在當下書籍獎」（Living Now Book Awards），全書以嶄新的視角詮釋曠世靈修經典《奇蹟課程》的教誨，為讀者剴切指出「起死回生」的著力點。

作者特別選取在人間每個角落不時作祟的「死亡陰影」入手，揭露小我抵制永恆生命的伎倆。作者以親身的經歷為奇蹟作證，並且提供了極其實用的反省練習，解除我們潛意識中對死亡的恐懼，為百害不侵的生命本質開啟了一扇門，真愛與喜悅得以流過人間，讓奇蹟成為日常生活裡「最自然的事」。（全書524頁）

國家圖書館出版品預行編目資料

性‧金錢‧暴食症：談形式與內涵／肯尼斯‧霍布尼克博士（Kenneth Wapnick）著；王敬偉、陳夢怡合譯 -- 初版 -- 臺中市：奇蹟資訊中心，奇蹟課程，民 102.02
　　面；　　　公分
　　譯自：Sex and Money & Overeating: Form versus Content

ISBN 978-986-88467-2-2（平裝）

1. 靈修 2. 自我肯定

192.1　　　　　　　　　　　　　　　102003124

感謝美國F.M.T.女士贊助「肯恩實修系列」之出版

性‧金錢‧暴食症：談形式與內涵
Sex and Money & Overeating: Form versus Content

作　　者：肯尼斯‧霍布尼克博士（Kenneth Wapnick, Ph.D.）
譯　　者：王敬偉　陳夢怡
審　　訂：若　水
責任編輯：李安生
校　　對：陳夢怡　李安生　黃真真　林妍蓁
封面設計：YenHue Lee
美術編輯：浩瀚電腦排版股份有限公司
出　　版：奇蹟課程有限公司‧奇蹟資訊中心
　　　　　桃園市光興里縣府路 76-1 號
聯絡電話：(04) 2536-4991
劃撥訂購：帳號 19362531　戶名　劉巧玲
網　　址：www.acimtaiwan.info
電子信箱：acimtaiwan@gmail.com

印　　刷：世和印製企業 (02) 2223-3866
經銷代理：聯合發行公司
　　　　　電話 (02) 2917-8022 # 162
　　　　　　　 (03) 212-8000 # 335

定　價：新台幣 250 元
　　　　2013 年 2 月初版
　　　　2022 年 2 月五刷

ISBN　978-986-88467-2-2